中国第一本把**互联网+与O2O**融合研究的专著，从模
再到管理系统的**建设**，无不独具快速落地**特色**，是中小企
联网的**必读之作**。

"互联网+"与
O2O布局之道
HULIANWANG+YU O2OBUJU ZHIDAO

简立明◎著

未来的**3～5年，互联网**不再只是**寡头的狂欢**，而是无数中小
企业**群雄崛起**，中小企业谁能读懂**互联网+与O2O**，谁就能
决胜未来。

告诉中小企业如何选对"**风口**"，从而无需"烧钱"就能轻松布局
互联网+与O2O，成为行业的**引领者**。

指导**传统品牌企业**如何通过整合企业现有代理渠道资源、行业商
会（协会）资源，轻松布局适合自身发展的互联网+与O2O项目，
实现线上线下**共同繁荣**。

经济管理出版社
ECONOMY & MANAGEMENT PUBLISHING HOUSE

图书在版编目（CIP）数据

"互联网+"与O2O布局之道/简立明著.—北京：经济管理出版社，2016.1
ISBN 978 – 7 – 5096 – 4103 – 3

Ⅰ.①互… Ⅱ.①简… Ⅲ.①网络营销 Ⅳ.①F713.36

中国版本图书馆 CIP 数据核字（2015）第 292517 号

组稿编辑：张　艳
责任编辑：张　艳　许　艳
责任印制：黄章平
责任校对：车立佳

出版发行：经济管理出版社
　　　　　（北京市海淀区北蜂窝 8 号中雅大厦 A 座 11 层　100038）
网　　　址：www.E – mp. com. cn
电　　　话：(010) 51915602
印　　　刷：北京银祥印刷厂
经　　　销：新华书店
开　　　本：720mm×1000mm/16
印　　　张：14
字　　　数：178 千字
版　　　次：2016 年 2 月第 1 版　2016 年 2 月第 1 次印刷
书　　　号：ISBN 978 – 7 – 5096 – 4103 – 3
定　　　价：45.00 元

序

找到适合自身发展的那一个"风口"

当下，各种以O2O为名的创业项目正忙着解决人们在衣食住行等各个方面的痛点：出行有专车、拼车；在传统的保洁、外卖业务被整合到手机端之后，美容、美发、按摩都可以轻松叫上门来，很多时候在街边用手机扫个二维码就有创业公司将水果、饮料或者零食免费送到家，令人感觉很快就要实现共产主义了。

传统的上门服务在移动互联网时代从家政、搬家成功顺延至上门美甲、上门美发、上门美容、上门按摩、上门洗车……从2014年下半年开始，诸多上门服务都冒了出来，随之而来的是大量优惠到令人咋舌的补贴券，令很多想转型升级的中小企业主对O2O望而生畏。

然而好景不长，以远低于成本的价格享受着O2O各种福利的好日子似乎快到尽头了。除了仍在厮杀的外卖市场，在出行类补贴收紧之后，曾经1元洗车、1元剪发等各种优惠也已经伴随着大量初创公司的倒闭而越来越少。

在这样一种大环境之下，我为什么还愿意来为我的好友简立明先生的《"互联网+"与O2O布局之道》的新书写序呢？主要是该书道出了大量O2O项目倒闭的真正原因，值得各位创业者学习，同时作者又特别强调传统的中小企业主不能盲目去中间化，要想方设法利用现有的渠道资源，或者借助专业的第三方平台来低成本、零风险、高效率地构架好适合传统产业的O2O。我认为这些观点非常务实，能够帮助中小企业拥抱互联网，推动中小企业转型升级，而这也是我们当年创办易聚联盟商城时的基本想法之一。

诚然，去中间化一旦成功，自然可以提高效率、节省中间环节的成本，但如果失败呢，那么前期的广告、补贴就成了巨大的烧钱"黑洞"。我认为去中间化是巨头的玩意儿，并不适合一般的中小企业使用。因此我们创立易聚联盟的本意，并不是刻意减少中间环节，而是减少中间环节的成本和推广风险；同时也要减少中间商的经营成本和经营风险。

为此，我们提出标准化营销（UUM）模式，把营销的分工细化为三个角色：一是生产商，只需要提供符合规范的产品并承诺合理的利润空间；二是中间商（即个体分销商），只需要推广产品；三是易聚联盟，负责提供标准化的运营服务，包括商城系统、订单处理、财务结算，等等。这三个角色组成了易聚联盟商城，我们帮助成千上万的个体分销商建立其自己的网上商城，并通过线下的社区店、展示厅、服务点构建 UUM + O2O 的渠道，目前已经成功做到让城主没有亏损没有压力，让生产商没有风险（更多关于易聚联盟的剖析请关注陈易的微信公众账号 easyjucn）。

一直以来，我不断总结和反思，究竟依靠补贴和广告效应与通过利润分配来推动营销，哪个才是正路呢？这些年，很庆幸我和我的创业团队能坚持走过来，其实，无论哪个方法，从思维上都是对的，关键在于其是否适合企业自身的情况，是否能够执行到位。

所以我并不认同一部分人说O2O项目现在已经不在"风口"了。我认为可能是很多人没有找到适合自身发展的那一个"风口"，盲目地想通过O2O来颠覆一个行业，其实对于现有的中小企业来讲，它们只要利用好"互联网＋"，利用好企业现有的各种资源，或者借助专业的第三方平台，有创新融合和联盟共赢的心态，或许就能够构建一个适合自己行业和企业的O2O，衷心地希望更多的创业者和中小企业的经营者能够从本书中找到适合其企业的思路和方法，找到适合自身发展的那一个"风口"。

易聚联盟创始人、首席策划官：陈易（Jad Chen）
2015 年 8 月 20 日

前　言

　　站在国家战略高度，2015 年被定义为"全面深化改革"的关键之年。"互联网＋"行动计划的提出和实施、"互联网＋"顶层设计的正式公布，相当于给传统行业加一双"互联网"的翅膀，助飞传统行业。此外，"两会"期间的《政府工作报告》提出"把以互联网为载体、线上线下互动的新兴消费搞得红红火火"，这个政策红利把电子商务 O2O 模式也推到一个新的历史高度。

　　然而，在国家政策利好的大环境下，却不断爆出很多 O2O 项目在"烧钱"之后都出现严重亏损，或者是项目关停的现象，个中原因除了盲目跟风，以及自以为"只要站在风口上猪都能够飞起来"的盲目自信，还有就是对互联网本质的曲解。很多人认为 O2O 就是去中间化，互联网就是廉价，只要把中间化去掉，让用户享受到廉价的商品和服务就能把 O2O 项目做起来，正因为有这样"随大流"的错误认知，才导致今天大把 O2O 项目失败的结局。

　　笔者认为，O2O 的本质不是去中间化，而是去中间化的成本；互联网的本质不是廉价，而是互动和体验，通过互动让用户感受良好购买体验，让用户感觉自己享受到了超值的服务。当然，笔者不是说去中间化不好，而是去中间化太难，一个没有中间化的 O2O 项目要想实现线上线下的良性互动，就需要品牌商或运营商自己在线下投入大量人力、财力、物力来进行建设，这不但会消耗大量的资金，而且会拖慢进度，最重要的是没有中间化的协助，一个新的O2O项目要让用户知道需要"烧"掉大量的资金，更不用说让用户接受了，所以去中间化的O2O项目只有巨头才有可能做到，一般的企业和个人多半是以失败而告终。一个很好的例子，京东到现在仍处于亏损状态，笔者在咨询培训工作中，经常跟很多老板开玩笑说，现在把京东免费送给你，你都不一定敢要，因为它每天的运营成本都是以百万元计算。笔者在本书当中专门介绍了自己独创的"微商O2O商业模式"，该模式就是告诉传统的中小企业如何利用现有经销商、代理商的渠道资源快速建立自己的O2O商业模式，实现品牌商、代理商、经销商、消费者真正意义上的共赢多赢。

考虑到有很多的小微企业没有经销商或代理商，笔者建议这类企业也可以借助第三平台，或者是行业协会和异地商会联盟来构建自己的O2O，针对这一点，本书也有专门的介绍，目的就是要让每一个层面的读者都能找到适合自己的"互联网+"与O2O的布局思路和布局模式，同时本书也重点介绍在移动互联网时代，行业协会、商会应该如何创新管理模式才能协助会员企业更好地运用"互联网+"和O2O，如何通过异地商会结盟来推动会员企业实现异业联盟营销、同业联盟采购从而提升会员的经营效益等，这值得行业协会、商会的管理者一读。

相对于O2O来说，"互联网+"还是一个比较新的概念，笔者主张企业利用"互联网+"的理论把一切经营相关的上下游链接在一起，并搭建一个O2O平台来改变现有商业形态。O2O是实现"互联网+"最好的载体，没有"互联网+"的O2O，或者没有O2O的"互联网+"一定不会有很好的发展。

本书用了大量的文字去介绍"互联网+"和O2O的理论，以及一些大企业的成功案列，目的是要让读者把这些理论消化透彻，融会贯通，掌握"互联网＋"与O2O的布局之道，同时，笔者也在每一章的最后专门写了一个小结，希望读者能够通过这个小结来加深理解和应用，尤其是希望中小企业懂得如何把这些理论和成功的案例借鉴应用到自己的企业当中去，这也是本书和其他专著不同的地方，它解决了市场上绝大部分的商业模式和商业理论都是针对大企业而写，对小企业没有太大的帮助的尴尬。

在移动互联网时代，因为经济更加发达，信息更加透明，人们的生活观念和消费习惯都发生了根本性的改变，所以企业的管理系统也必须随之进行改革创新，笔者在本书当中，专门用了一个章节介绍企业管理系统的布局，原因之一就是看到很多的企业虽然模式很好、定位也很好，结果却是因为管理不成系统，没有办法把商业模式落地执行。本书中的"五全经营管理系统"是笔者依据自己十几年的管理咨询经验，结合移动互联网时代的特色总结提炼而成，并经过无数中小企业验证是有效的，相信一定能够解除读者经营管理上的困扰。

随着互联网的发展，互联网正在改变人类的消费流通与生产方式。在新的游戏规则下，交易的速度将极大提升，不拥抱互联网的企业正面临着新时代的生存挑战。尽管传统企业可能已经建立了既有优势，但它们必须顺应市场趋势进行革新。值得注意的是，虽然许多传统企业已经建立了电子商务网站，但这并不是互联网的全部。因为纯粹的电子商务网站，针对的是纯粹的网民，需要他们形成搜索、浏览、订购、支付的全程习惯，有很高的门槛；而O2O面向的人群更为大众、广泛，它内嵌式的流程设计，可以让消费者在不改变太多消费习惯的同时，就可以享受O2O带来的福利。换言之，O2O是对传统商务的平滑改造和渗透。除此之外，传统企业如果只是进行纯粹的电子商务网站路线，可能会付出很高的代价。因为如果要运营电子商务网站，引流是必不可少的。这是一个庞大的、不可忽视的成本，需要投入持续的广告费用。从国外O2O发展来看，为什么美国有了亚马逊等电商网站之后，还需要发展O2O？因为纯粹的电子商务只是"冰山一角"，O2O才是整个"大陆"。电子商务网站培育了消费者的消费习惯，然而市场仍然存在大量的空白区域不能被满足，O2O有着超过纯粹电子商务10倍以上的市场潜力，将对各行各业产生巨大的渗透作用，这是"互联网＋"的精髓。

"互联网＋"火了，O2O赢了，并将继续以创新的方式赋予"互联网＋"新的内涵！

与时俱进，"互联网＋"就是最好的时代；不求进取，"互联网＋"就是最坏的时代！

在"互联网＋"时代，你想与时俱进吗？你想知道O2O如何布局吗？答案就在本书中！

目　录

在"互联网＋"时代,国家出台的利好政策,有效地降低、拉近了传统的创业"起跑线",使其成为构建新的生产生活方式的重要引擎。只要企业积极拥抱"互联网＋",把握好从竞争走向合作的未来趋势,从O2O模式入手让"互联网＋"落地,借着利好政策的东风,也许很快就能看到和以往不同的发展景象。

传统企业在接受互联网信息化改造和施行O2O模式之前,必须提前对商业模式进行再造。因为,当企业还没有弄清楚未来的战略目标,并以终为始地为战略目标去重塑自身商业模式、做好模式布局的时候,就贸然地进行互联网改造转型,为了互联网而互联网,就势必容易导致瞎子摸象、南辕北辙的结局。

第三章 布局从定位开始——方向对了则路不会远 ·············· 61

经营要素决定企业机会,尤其是在外部环境出现新的变化的情况下,更需要企业及时做出反应,重新定位企业。在"互联网 +"时代,企业重塑融合已经成为必然选择,在这个过程中,涉及平台定位、产品定位,以及全面升级服务和建立生态系统,其中包含战略、执行、数据等不可或缺的定位要素。

第四章　"互联网＋"和O2O下的营销布局——和用户"滚"
在一起 …………………………………………… 85

和用户"滚"在一起，首先需要找到用户的痛点，然后通过有针对性的
产品设计，满足用户需求，从而消除痛点。在"互联网＋"时代，和用户
"滚"在一起是O2O营销的主要方式。这个策略在O2O模式的门店端、PC
端、移动端、家庭端"四端"融合中处处存在，只是内容、方式、效果不同
罢了。

第五章　传播途径布局——适合自己的才是最好的 …………… 101

营销传播首先要明确企业的目的，其次是明确宣传所针对的具体的目标
人群，最后则是明确营销传播的宣传方式。本章对现实中可以采取的方式进
行论述：硬广告"有强人接受"之殇；互联网时代真假隐瞒不了；关系信任
度是未来营销的重点；网站优化，打造优质信息传播路径；建立自媒体，为
自己代言。

第六章 场景化布局——互联网＋O2O的未来 ·················· 133

O2O的场景化，是指商家需要深入了解某个群体的消费者在日常生活中，会在什么地方、什么时间，想做什么事、有什么需求，然后通过合适的途径尽可能快捷便利地去满足消费者需求。注意，这个途径包含消费者线上线下的全部生活环节。因此，"场景化"是O2O快速变现的重要武器之一，也是互联网＋O2O的未来。

第七章 管理系统布局——模式落地的保障 ·················· 145

模式选好，战略做对了，不代表一定能够成功。一个企业如果没有一个成熟的管理系统，就一定不会有很好的执行力，只要没有执行力，再好的商业模式、再好的战略布局都有可能以失败而告终。随着时代的发展进步，管理理论也应该结合时代特色进行相应的创新升级，建立一套跟上时代发展、适合企业规模的管理系统就显得尤为重要。

第八章　整合借力布局——轻松起飞的秘诀 …………

"互联网＋"、O2O 等已经上升为国家战略，在中国经济新常态下，中国企业一方面面临宏观经济环境发展放缓的倒逼压力，另一方面也迎来产业转型的时代机遇，但单凭一个企业尤其是中小企业的微薄之力很难实现转型升级，需要商会、协会等联盟来更好地发挥组织协调作用，或者说传统的中小企业只有借助商会、协会等行业组织或者是第三方平台，才能更快更好地应用好"互联网＋"和 O2O。那么商会、协会，以及第三方平台到底应该如何创新服务模式、转变服务思维才能协助会员企业呢？这部分内容给出了回答。

第九章　机遇和挑战——境界铸就未来之路 …………

在机遇和挑战并存的新形势下，布局 O2O 的境界决定了企业发展的未来，比如腾讯和阿里巴巴布局 O2O 的理念差异是前者开放后者封闭，于是有人认为腾讯比阿里巴巴的模式更具有优势，未来发展的空间更大。O2O 作为"互联网＋"的新风口，传统企业在做 O2O 时要把握继承与创新"O2O＋"的未来，不可陷入速胜论或速亡论的思维泥淖，这样才能顺势而为、赢得先机。

第一章 "互联网+"来袭
——除了拥抱别无选择

在"互联网+"时代，国家出台的利好政策，有效地降低、拉近了传统的创业"起跑线"，使其成为构建新的生产生活方式的重要引擎。只要企业积极拥抱"互联网+"，把握好从竞争走向合作的未来趋势，从O2O模式入手让"互联网+"落地，借着利好政策的东风，也许很快就能看到和以往不同的发展景象。

技术可以革命，网络只会演进

在互联网世界，技术和网络一直相互融合，相伴发展。技术革命推动了网络演进，网络演进反过来又促进了技术革命。

☞中国的移动互联网的发展

近年来，中国的移动互联网用户增长迅猛，数据显示，2015年1~6月，移动互联网用户总数净增超过2900万户，总数规模达到9.05亿户，同比增长5.1%。6月当月移动互联网接入流量达3.2亿G，创历史新高。1~6月累计达16.8亿G，同比增长93.6%，比1~5月同比增速提升1.9个百分点。月户均移动互联网接入流量达到321.5M，同比增长83.7%，比2014年末提高了116M。随着4G技术的不断普及，以及5G技术很快来临，移动互联网将给我们的生活带来无限种可能。

消费电子转战智能手表、智能手环、智能家居、车载智能终端等新兴领域。可穿戴设备、智能家居恰好迎合了大众对健康管理、绿色生态、智慧生活的消费需求，引发了信息消费新热点。果壳电子智能手表出货量半年内突破10万台，小米平价智能手环迅速拉近了智能产品与大众消费者的距离，智能路由器、智能机顶盒正在全面抢占智能家居市场入口，但均未形成明确的变现模式，商业路径探索还将持续。阿里巴巴与上汽集团达成战略合作，腾讯入股四维图新，均着眼于车载产品的互联网化布局，车载智能终端市场将迅速打开。预计2016年，可穿戴设备、智能家居和车联网产品将引领新一轮移动智能终端消费浪潮。

在移动互联网高度发展的今天，人们的消费习惯和消费方式也发生了根本性的变化，现在只要手持一部智能手机几乎可以完成所有的事情，比如购物、看电影、聊天、吃饭、打的、订票，甚至是用智能手机遥控家电、家具，等等。未来，"互联网＋"将会把一切看似不相关的载体连接在一起，推动各行各业的信息化和工业化的两化融合，催生更多更新的商业模式和商业形态。

☞青岛红领打破两化融合"瓶颈"，重塑商业模式

中国网络技术的发展，信息化和工业化的两化融合已经被锁定为国家战略，而且逐步走向深度融合，为企业的发展指明了方向。在这方面，青岛红

领集团的做法表明，两化融合是企业转型与发展的驱动与引擎。

服装是人们日常生活重要的消费品，近些年人们的消费观念发生了深刻的变化，正在走向个性化、时尚化、高档化。这种消费观念促使量身定制消费模式迅速发展，而传统的量身定制是由裁缝师傅测量个体体型尺寸后再根据客户的特殊要求，单量单裁。这种手工作坊式的过程，由于缺乏规范化的标准，生产时间长，产量低，质量的好坏完全取决于裁缝师傅个人技术水平的高低，产品质量稳定性差。所以手工作坊式的量体裁衣模式不能适应现代工业化生产装备的大规模生产能力的需求，这也就促使服装生产企业研究现代工业化量身定制的设计方法、生产模式和经营模式。

自2005年始，青岛红领集团经营战略转向高端男正装量身定制MTM业务。为达到2015年成为世界男正装MTM领域第一的战略目标，青岛红领集团围绕高端量身定制运营模式，确定了以工业化和信息化为两翼，通过对业务流程和管理流程的全面改造，建立柔性和快速响应机制实现"产品多样化和定制化"的大规模定制生产模式，满足了市场的个性化需求和快速反应、迅速交货的要求；既能满足客户个性化需求，又不牺牲企业效益的批量定制生产方式，实现了个性化手工制作与现代化工业大生产协同的战略转变，从而实现了时尚化、差异化竞争的蓝海战略，大幅度地提升了经济效益，两化融合是实现企业这一战略的重要支撑和基本保障，并成为企业持续提升核心竞争力的根本路径。

通过两化融合，青岛红领集团实现了纺织服装行业从传统劳动密集型企业向高绩效高科技型企业转变，由纯生产型向创意服务型转化，从而大大提高了产品附加值。目前工业化量身定制已成为青岛红领集团经营业务的主线，实现了从单纯的服装批量工业化生产向服装个性化生产的产业转型升级，使服装生产具有了文化创意与服务的内涵。两化融合是这一转型的驱动与引擎。

两化融合突破了困扰服装制造业的"瓶颈"，实现了顾客自我设计式营销，使研发、生产、营销三方异地协同成为现实。

红领集团的经验表明，对我国服装行业来说，多数企业尚处在工业化过程中，要做规模做名牌，工业化、信息化要两手一起抓。企业信息化不仅是"一把手支持"，而且要变成"一把手需求"。企业"一把手"是战略制定者，他对信息化的根本需求是加速实现战略目标之需求，信息化伊始就要融入工业化过程中，要找准自己的重点。

红领集团的探索带给我们启示：要从生产力要素这个高度去寻求两化融合的着力点。这对劳动力密集型服装生产企业加速工业化、信息化进程有重要意义。先进制造设备+基于IT的先进研发设计技术系统体现了服装生产企业工业化过程中两化融合的基本思想：信息化要融入工业化中，这样才能从根本上提高企业的生产力水平，才能在短时间内实现提高产能、提高生产率、提高质量，从而提高企业品牌影响力和核心竞争力。

总之，两化深度融合极大地促进了技术革命和网络演进；反过来，技术革命与网络演也有力地支撑了两化深度融合。这充分体现了技术和网络相融相伴的发展规律。

"互联网+"不是"干掉"，而是拥抱

有人认为，传统企业无法适应"互联网+"时代对技术、信息、组织等方面的要求，面临着转型的焦虑和危机，无法变革发展，"互联网+"最终将"干掉"传统企业。其实，随着"互联网+"时代的到来，"大众创业，

万众创新"已经成为时代的精神内核，社会所蕴藏的创新潜力和活力日益被激发，众多个体创业者尤其是传统企业跃跃欲试，希望实现"从0到1"的艰难跨越，让梦想照进现实。那种传统企业被现实"干掉"的说法未免过于悲观。

凡悲观皆不可取！传统企业要想在"互联网＋"时代生存和发展，应该正确认识"互联网＋"的真正内涵，同时也应该弄清"互联网＋"和O2O的区别，彻底改正错误的认识，端正态度，并积极采取措施拥抱互联网，这样才能跟上时代步伐，实现转型升级。

☞ "互联网＋"的基本内涵

2015年3月"两会"期间，国务院总理李克强在《政府工作报告》中首次提出"互联网＋"行动计划，指出："制定'互联网＋'行动计划，推动移动互联网、云计算、大数据、物联网等与现代制造业结合，促进电子商务、工业互联网和互联网金融健康发展，引导互联网企业拓展国际市场。"通俗来说，"互联网＋"就是"互联网＋各个传统行业"，但这并不是简单的两者相加，而是利用信息通信技术以及互联网平台，让互联网与传统行业进行深度融合，创造新的发展生态。

2015年7月1日，新华社授权发布国务院《关于积极推进"互联网＋"行动的指导意见》（以下简称《指导意见》），明确未来3年以及10年的发展目标，提出11个领域的重点行动计划：互联网＋创业创新、互联网＋协同制造、互联网＋现代农业、互联网＋智慧能源、互联网＋普惠金融、互联网＋益民服务、互联网＋高效物流、互联网＋电子商务、互联网＋便捷交通、互联网＋绿色生态和互联网＋人工智能。

这11个领域的重点行动计划既涵盖了制造业、农业、金融、能源等具体产业，也涉及环境、养老、医疗等与百姓生活息息相关的方面。它事关经济发展全局，或贴近关切人民群众，或创新变革潜力巨大；同时也是互联网能够发挥关键作用、融合大方向清晰、指导性非常明确的领域。分析人士认为，这一"顶层设计"将加快推进"互联网+"的发展，有利于形成经济发展新动能，催生经济新格局。

下面试举两个案例，来说明"互联网+"下的企业变革。当然，类似的例子还有很多。

案例一：互联网+家装。

家装行业发展几十年，从未像今天这样热闹和被重视，例如，贴上"小米家装"标签的爱空间是互联网家装持续爆红的直接推手。除了爱空间的知名度和订单大幅提升，更直观的现象是诸多"玩家"相继杀入互联网家装市场，比如58投资土巴兔、国美联合东易日盛推出国美家、天猫打造家装品牌孵化器、新浪上线"抢工长"平台，甚至传统家装代表——实创也在谋求变革，他们不约而同瞄准行业痛点，推出高标准化、高性价比的装修套餐，为备受诟病的家装市场注入新活力。

不可否认，各大玩家的涌入不仅带来市场的高度竞争，而且使互联网家装市场迅速做大，用户无疑是最大赢家。与传统家装相比，互联网家装主要有三大革新：标准化、极致和口碑。

标准化方面，爱空间把装修需求、供应链、定价、工程管理、管理过程5大环节完全标准化，提升整体装修效率。比如爱空间是以每平方米699元来定价，与过去按装修需求购买大量原材料截然不同，用户不再需要精通几百种原材料、跑几十次建材市场，同时免去用户对装修增项的担忧。

极致方面，爱空间的杀招是20天工期。传统家装动辄三四个月，工人千方百计压榨用户获取利润，年轻人被迫当起监工与工人斗智斗勇。爱空间把工期压缩至 20 天，完全颠覆用户对家装行业的认识，符合产品极致理念，这需要自养产业工人来实现，并且每天在微信群中实时更新施工进度，确保用户能第一时间掌握装修细节和整体进度。更奇葩的是，极致理念还催生出新的用户市场，即二手房装修。二手房装修最大的痛点不是何时动工，而是从动工到完工的时间越短越好，解决用户搬家、租房、存储物品等事宜后，将大大激发二手房装修市场需求。

口碑方面，传统家装行业信息不透明，工人在装修各个环节压榨用户，服务意识淡薄，用户预期停留在低谷。互联网家装使信息高度透明化，带来装修成本的巨大改变，大幅压缩渠道成本和营销成本，把更多注意力放在产品本身，与用户为敌的工人向服务用户的项目经理转变，满足用户标准化和个性化装修需求，一切以用户满意为主，自然形成口碑效应。

案例二：互联网＋IP。

除了本地生活服务正大规模接受互联网改造，文化娱乐行业正悄然插上互联网翅膀。广义而言，以 IP（知识产权）为主导的泛娱乐产业也属于传统行业，互联网公司正兴起新一轮抢 IP 潮，有效整合上下游优势资源，以此提升资源利用效率。

IP 类型很多，除了已被证明商业价值的动漫、电影、小说、游戏，热门歌曲、专辑也成为争相追逐的对象，比如老狼《同桌的你》翻拍成电影斩获 4.5 亿元票房，《张震讲故事》被乐视翻拍成自制剧后引发广泛关注。

作为中国泛娱乐产业的中坚力量，腾讯在动漫、影视、文学、游戏（涵盖手游、页游、端游）等领域拥有丰富的 IP 资源。马化腾在 2015 年"两会"期间表示腾讯将深耕内容产业，最核心的就是 IP，"在动漫、文学、影视、音乐等方面，中国有长足的发展潜力，腾讯将积极促进互联网产业与传统文化产业融合"。

互联网公司为何对 IP 如此疯狂？核心发力点在于粉丝经济。互联网公司与手机行业玩转粉丝经济如出一辙，主要方式是将原本走红的产品延伸至其他业务，迅速形成"雪球效应"，既充分挖掘老用户的价值，又在其他业务实现拉新，进而完成泛娱乐生态布局。

以动漫为例，腾讯动漫平台覆盖 1500 万漫画用户，作品总量超过 2 万个，投稿作者总数超过 5 万人。其中，《尸兄》漫画点击率超过 48 亿次，动画点击率超过 14 亿次，一举超越《柯南》、《银魂》等著名作品。《尸兄》手游版权授权价格为 5000 万元，成为中国动漫作品版权手游改编的最高价格。

值得注意的是，热门 IP 主题定制硬件正成为新的发展趋势。2015 年 3 月，买卖宝旗下手机品牌大 Q 推出《雷霆战机》主题定制手机，并在京东众筹平台首发。两者合作不难理解，大 Q 与《雷霆战机》在"90 后"用户群中拥有超高活跃度和品牌认可度，积累了一大批忠实粉丝，这不仅使《雷霆战机》IP 合作类型获得突破，实现自身价值最大化，而且使大 Q 在性价比之外探索出 IP 主题定制的差异化玩法。

大 Q 官方数据显示，截至 2015 年 4 月 9 日，《雷霆战机》手机为期一个月的京东众筹创下不俗战绩：收获粉丝点赞 16 万次，成为京东众筹史上最赞的项目；筹得金额 342 万元，684% 超额完成目标金额；超过万人出资支持，更有数百粉丝不求回报选择无私支持，情怀爆棚。

在"互联网＋"大潮下，大 Q 通过与优质 IP 的深度捆绑，探索出一条软硬件结合的新型发展模式。面对手机行业越发汹涌的洗牌大潮，大 Q 努力以差异化路线寻求一席之地。同时拥有腾讯控股企业和硬件厂商两重身份，大 Q 未来与腾讯体系内的优质 IP 合作将越发频繁和多元化，这也预示着大 Q 将紧跟"互联网＋"的大潮，完成转型重任。

☞ "互联网＋" 和 O2O 的区别

互联网从来不是终结者，它只是改变了生活方式。这就好比纸的出现，大大节省了知识流转的成本。原来一车竹简才能写完的东西，需要好几个人运，后来只需要一本书就好了，不需要刻刀去刻字，也大大提升了人的写作速度，增加了知识的产出量。互联网不是来终结传统行业的，而是来帮助传统行业提升自己的战斗力的。这就是"互联网＋"诞生的背景，互联网行业加一个传统行业，最终实现线上和线下的融合，完成产业升级，最终实现产业融合的目的。

这里就提到了"互联网＋"与O2O的区别，这两者其实都是一个目的，那就是实现产业升级，通过连接完成线上与线下的融合，实现"你中有我，我中有你"的目的。

但是O2O更多的是以工具的形式出现，以生活服务等轻量级的场景为切入点进行产业变革，但是"互联网＋"的对象却是整个传统产业，包括石油、医疗等重量级产业在内，力求借助互联网的力量实现全产业升级。

☞ 传统企业如何拥抱互联网

"互联网＋"行动计划带来了传统企业拥抱互联网的最大契机。在这一时代潮流下，很多传统企业需要做互联网业务或者通过互联网来传输业务，但并不是所有的企业都能转型成功。星巴克的经验或许说明，传统企业的互联网化转型，疾风劲雨并非最佳，循序渐进也是好办法。

1999年6月30日，星巴克CEO兼董事长Howard Schultz经历了其一生中最难堪的事情之一。当时这位公司创始人兴冲冲地向外界宣告这家销售咖啡饮料的公司正变成一家互联网公司，推出门户网站、在线销售咖啡和厨房用品、向一家在线聊天公司投资 2000 万美元……结果星巴克股价当天应声下跌 15%。投资者不能理解一家卖咖啡饮料的公司为什么要如此积极地使用互联网，不菲的投入也把他们吓坏了。Schultz 对媒体承认"我在这件事上摔了跟头"。直到 2012 年 8 月，Schultz 掏出 2500 万美元坐进移动支付公司 Square 的董事会，外界才发现，Schultz 从未放弃过为自己的公司加入科技基因的努力。

经历过当年的难堪之后，他学会小心翼翼地低调推行星巴克的改造。这家总部位于西雅图的公司除了建立起电子商务体系外，还非常积极地拥抱移动互联网。

星巴克在 2009 年就推出了手机应用客户端，2013 年 1 月在美国市场推出手机支付，截至 2015 年 7 月交易数量已达 6000 万笔，每周通过手机支付的订单超过 100 万笔。Schultz 希望让消费者在潜移默化中接受一个与过去大不相同的星巴克。

时至今日，已经很难找到一家不提供手机应用或缺少社交媒体战略的大型公司，但星巴克在这方面的投入和营销已经领先于零售业的同行。如今星巴克不仅成为美国移动支付规模最大的零售公司，其在 Facebook、Twitter、Pinterest 等社交媒体也是最受欢迎的食品公司。

Schultz 如此迫切地向电子商务、手机支付和社交网络营销转移，原因很简单——顾客在哪儿，星巴克就去哪儿。更何况新技术能把咖啡店内外的顾客紧密联系在一起，以前星巴克可做不到这些。

根据星巴克的数据，其消费人群大部分都在使用智能手机，不论是苹果的 iPhone 还是各种款式的安卓手机。吸引越来越多的顾客使用移动互联网在星巴克消费，这意味着能追踪他们，以他们为核心用户创建一个在线社区。

较之以往，新方式让星巴克得以与自己的顾客们建立前所未有的牢固关系。掌握着顾客的消费习惯、口味喜好等数据，将使这家以兜售用户体验闻名的公司获得非比寻常的优势。Schultz 正努力将星巴克的大量营销举措迅速采用新时代的数码方式。移动支付只是这个庞大计划中的一部分。

事实上，星巴克近来这些巨大的变化，并非因为其董事长 Schultz 是一个技术狂人，也并非因为这家公司与科技巨头微软和亚马逊同处一地。事实上，这位创始人回归之后，并没有研发出什么新口味的咖啡饮料，而是带领星巴克这家传统的咖啡连锁公司，悄然掀起一场营销革命。

长期以来，星巴克的咖啡连锁店之所以大受这个星球上很多城市的消费者青睐，原因在于它提供的不仅仅是咖啡或面包，而是一种生活方式。商家与顾客之间原本冷冰冰的买卖关系，被星巴克赋予了很多附加值在其中。

Schultz 只是敏锐地预判到这个时代最大的变化就是互联网和手机对人们生活状态的影响，他意识到必须把这个时代特征迅速融入星巴克的产品和服务之中。于是星巴克开始为了跟上时代而转变的行动。星巴克中国区副总裁 MaricHan Silloway 说："数字化营销完善了星巴克体验，让顾客感受到'星巴克就在身边'。"

有一个"病毒式"传播的在线视频极好地诠释了星巴克的理念。在一款名为 Early Bird 的星巴克手机服务中，当设定好的起床闹钟响起，只要用户点一下"马上起床"，而且在一小时内赶到任何一家星巴克门店，凭手机应用就能够喝到一杯打折的咖啡。这是一个将自己产品和用户的日常生活建立起联系的好点子，它并没有强行向用户推销什么，而是提供了幽默、打动你的服务。

不过 Early Bird 目前还只是一个动人的故事，星巴克总部表示，目前公司并没有发布这样一款独立的手机应用，但未来会考虑提供类似的服务。

总之，传统企业在"互联网＋"时代的变革既是挑战又是机遇。不管在什么样的时代，那些墨守成规、不思进取的企业最终将被时代淘汰。正如达尔文在《物种的起源》一书中曾指出的那样："能生存下来的，往往不是那些最强壮或者最聪明的物种，而是那些最能适应变化的物种。"所以，"互联网＋"时代的传统企业并非被"干掉"，而应该通过战略规划、价值创造、市场营销、品牌创建等方面的变革积极拥抱"互联网＋"时代，去谱写新的时代篇章。

"互联网＋"的未来趋势：从竞争走向合作

《指导意见》指明了"互联网＋"未来3年以及10年的发展目标。关于"互联网＋"的3年发展目标，《指导意见》提出，到2018年，互联网与经济社会各领域的融合发展进一步深化，基于互联网的新业态成为新的经济增长动力，互联网支撑大众创业、万众创新的作用进一步增强，互联网成为提供公共服务的重要手段，网络经济与实体经济协同互动的发展格局基本形成。关于"互联网＋"的10年发展目标，《指导意见》提出，到2025年，网络化、智能化、服务化、协同化的"互联网＋"产业生态体系基本完善，"互联网＋"新经济形态初步形成，"互联网＋"成为经济社会创新发展的重要驱动力量。在上述发展目标下，在"互联网＋"的未来趋势下，企业必将从竞争走向合作。

事实上，越来越多的企业开始认识到，在全球市场化的今天，单凭一己之力很难在这激烈的竞争环境中求得生存和发展，在国际市场中占据一席之地；在世界经济区域化、一体化和全球化的发展格局下，许多西方企业尤其是跨国公司迫于强大的竞争压力，开始对企业竞争关系进行战略性调整，纷纷从对立竞争走向大规模合作竞争。在这之中，最主要的形式就是建立企业联盟，或者是通过商会、协会等民间组织来实现企业联盟。

☞企业联盟成为主流竞合模式

所谓企业联盟，是指企业个体之间在策略目标的考虑下结成盟友，自主地进行互补性资源交换，各自达成阶段性的目标，最后获得长期的市场竞争优势，并形成一个持续而正式的关系。企业联盟作为企业组织关系中的制度创新，已成为现代企业强化其竞争优势的重要手段，被誉为"21世纪最重要的组织创新"。

建立企业间合作伙伴关系，互相利用资源网络的优势，有利于企业不断开发新的市场。所以，企业联盟是一种新型的合作伙伴关系。在这方面，万科和万达"联姻"就是一个有力的证明。

2015年5月14日，万科和万达在北京的签约仪式上宣布，将基于长远发展的考虑，本着"积极合作、携手共赢"的原则，强强联合，建立战略合作关系。根据此次签署的战略合作框架协议，万科与万达将充分发挥各自在房地产领域的优势，在双方有合作意向的一系列房地产项目上开展深度合作，以实现共赢。在签约仪式上，万科与万达均表示，此次双方签署的是框架协议，未来具体的合作安排会根据项目情况来确定。未来双方的合作主要是通过联合拿地、合作开发的形式来进行，即由万科开发项目中住宅部分，万达开发项目中商业部分，以实现优势互补。双方均表示此次签署的战略合作协议是一项长期计划，未来双方将各自成立由集团高层领衔的协调小组，以负责合作事宜的日常对接，通报相关的项目信息，并在相互协商的基础上确定具体的合作安排。

万达与万科合作的背后，是两家企业对于行业趋势的相似判断，即以合作的方式实现外部资源的整合，通过专业优势互补形成"1+1>2"的协同效应。这两家企业能够走到一起，代表着一种趋势——今后中国的行业里不但有竞争，更多的是合作，从竞争走向竞合。这种竞合不是简简单单的抱团取暖，而是双方各自发挥自己的优势。万科在住宅方面和成本控制细节方面要比万达做得好，万达在文化旅游的设计和商业中心的创建上，可能占据一些优势。双方在一起会使整个项目的价值有所提升，可能双方在合作中会逐渐摸索出一条在世界房地产产业崭新的模式。

☞企业联盟的形式

万科和万达同属地产行业，他们的联盟属于同行业联盟。随着越来越多的公司走上了联盟的道路，联盟出现了三种主要形式，即产业之间形成联盟、异业之间形成联盟和同行业之间形成联盟。

一是产业联盟。是指出于确保合作各方的市场优势，寻求新的规模、标准、机能或定位，应对共同的竞争者或将业务推向新领域等目的，企业间结成的互相协作和资源整合的一种合作模式。联盟成员可以是限于某一行业内的企业，也可以是同一产业链各个组成部分的跨行业企业。联盟成员间一般没有资本关联，各企业地位平等，独立运作。比如英特尔和电脑厂商之间形成的联盟。实践中产业联盟主要有五种类型（如表1-1所示）。

表1-1　产业联盟的主要类型

类型	含义
创意合作产业联盟	是指在创意产业领域出于确保合作各方的市场优势，寻求新的规模、标准、机能或定位，应对共同的竞争者或将业务推向新领域等目的形成的企业联盟
研发合作产业联盟	是创新中常用的企业间组织，其目标是解决产业共性技术问题

类型	含义
产业链合作产业联盟	其目标是打造有竞争力的产业链,以及推动智能化生产服务等
市场合作产业联盟	目标是共同开发市场,共享营销资源,甚至是共享营销品牌
技术标准产业联盟	目标是制定产业技术标准,推动工业4.0在联盟落地

上述五种产业联盟类型在企业创新中发挥了重要作用。

二是异业结盟。属于跨界联盟。是指不同类型不同层次的市场主体,为了更大可能提升规模效应、扩大自己的市场占有率、提高信息和资源共享力度而组成的利益共同体。异业结盟的形式有三种(如表1-2所示)。

表1-2 异业结盟的形式

形式	含义
与对手共枕	与有共同目标的竞争对手合作,像是联合次要敌人打击主要敌人
共同营销	包括产品定价、通路及促销活动,甚至包括了研发部分。例如糕饼业与果汁业合作一个柠檬口味的戚风蛋糕
厂商合作	厂家和渠道商结合在一起,制作一个促销活动,例如早餐麦片与果汁联合促销,告诉消费者吃早餐、喝果汁时可搭配即食麦片

三是同业联盟。是联合行业内的兄弟企业,致力于提升各自品牌的形象、提高行业的社会地位。联盟时代比较注重跨界整合,因此相较于以上两种联盟方式,同业联盟比较狭窄。

☞企业联盟之道——诚信第一

不管是任何一种联盟方式,企业都应该遵循联盟之道,这就是诚信第一。

企业通过联盟克服资源的局限,主宰天下,但企业联盟是一种极难管理的组织形式。由于联盟的一部分控制越出了公司的范围,联盟中各方的利益与冲突不能以行政命令的方式解决，企业之间互不信任，争相逐利，因而联盟的失败率一直居高不下。在联盟中，企业的成功取决于创造性的智力合作和联盟公司的能力，有时还有更多其他因素，但缺乏诚信是联盟失败的主要原因。"联盟"一词本身就表明，在团体之间，合作比竞争的收获大。只有互相信任，联盟才能发挥作用。

诚信是依靠对方实现共同目标的一种信念，成立联盟的目的是要取得比交易更大的成果。在联盟中，相互信任意味着双方能够相互适应、相互依赖。诚信要求恪守承诺，但远不限于此，对一些无法预知的情况，必须能随机应变。但是，诚信也并不意味着风平浪静。大家都知道，商业非常复杂，不能要求在所有问题上都迅速达成一致。不过，在诚信的关系中，冲突促使人们寻求更深的共识和达成建设性的解决方案。当一方做了另一方不赞成的事情时，诚信带来的良好愿望可以维持联盟关系。诚信增进了人们对合作关系的信任，也使得建立其他的关系变得更加容易。

总之，在"互联网+"趋势下的联盟时代，企业联盟的兴起改变了传统的公司边界，也开始改变世界的经营环境。企业间只有建立合作伙伴关系，互相利用资源网络的优势，才能不断开发新的市场。"合则利，分则弊"、"一根筷子轻轻被折断，十根筷子牢牢抱成团"、"独脚难行，孤掌难鸣"……这些粗浅的道理，将被赋予新的时代内涵，也会在未来显现，被无数的企业实践所进一步证明！

"互联网+"落地，突破要从O2O开始

"互联网+"即互联网与传统行业创新融合，具体指的是互联网借助于

其信息透明化、降低交易成本、促进分工深化和提升劳动生产率等功能特点，推动各行各业转型升级。在实践层面，"互联网 +" 具体如何实现在各行业的落地？有专家认为，"互联网 +" 离不开 O2O。

☞2014 年著名 O2O 营销案例

如果从商界历史的角度翻看，2014 年堪称浓墨重彩的一年，资本青睐、创业者狂热。2014 年是 O2O 元年，O2O 正前所未有地引起各方关注。这里整理出 2014 年的几个营销案例，从公关营销的角度回顾一下 2014 年的 O2O。

"叫个鸭子"：噱头十足，一炮打响。

2014 年成立的"叫个鸭子"，短时间内名震北京城。"叫个鸭子"这么火的四大原因：一是名字就带着传播色彩，从名字看首先想到的"鸭子"并不是我们日常所食用的鸭子，如果公布数据，"叫个鸭子"的女性客户肯定占很大份额；二是噱头炫，配送人员佩戴谷歌 glass、开酷炫的 MiniCooper；三是团队营销强，创始人曲博曾在百度工作过十年；四是重量级人物入股背书，黄太吉赫畅、华谊兄弟王中磊投资了"叫个鸭子"。

"去啊"：一句话引发的公关营销狂欢。

2014 年 10 月底原淘宝旅行举行新闻发布会，推出新独立品牌"去啊"，及独立域名 alitrip.com。据阿里巴巴官方的介绍，"去啊"的品牌意涵是："只要决定出发，最困难的部分就已结束。那么，就去啊!"而浓缩成发布会现场的一页 PPT，则是："去哪里不重要，重要的是——去啊。"不料，这一句并不奇葩的表述，竟然引来了整个中国在线旅游圈及整个互联网圈的集体公关营销狂欢……携程、去哪儿、京东、途家、穷游、爱旅行、游心、携程、驴妈妈、百度、易道用车……据统计共 200 多个品牌参与了"去啊"体的相应跟进。

汪峰O2O演唱会：终于上头条。

2014年8月2日，歌手汪峰在"鸟巢"体育场开唱，万众瞩目。之所以如此受关注，一方面，这是他在这个十万人体育场的首秀；另一方面，他第一个把O2O引入演唱会：现场观看＋在线直播观看。这也就意味着，汪峰的歌迷将会有两种选择：花费280～1680元去鸟巢现场欣赏，或是花费30元在乐视网在线观看。汪峰O2O演唱会给传统企业带来四大启示：一是传统产业正在快速互联网化，大量年轻人的注意力和购买力正在往互联网转移；二是针对线上、线下不同的人群，提供差异化的产品（如线下的价格是280～1680元，线上只需30元）；三是进行营销创新，线上用好新媒体和客户充分互动，挖掘客户价值；四是价值体系创新，产品、盈利模式、营销的创新能做到位。

天猫"双十一"：传播意义大于实际数字。

3分钟，10亿元；38分钟，100亿元；10点51分，300亿元；2014年"双十一"当天总金额571亿元。疯狂的"双十一"原本是光棍们自嘲自怜的日子，却被"妙手回春"变成了全民购物的狂欢节。其实"双十一"的传播意义远大于实际数字，笔者在和一些非常传统企业的朋友交流的时候，问对方对电商有什么了解，很多人就只能说出天猫"双十一"一天的销售额，并表示震撼。回顾"双十一"的来历：2008年淘宝商城成立，作为新业务，辨识度很差，阿里巴巴内部讨论也搞一个类似美国感恩节大促销的活动，通过一个让大家都能参与的事件营销，让用户记住淘宝商城。出发点就是传播。2014年"双十一"当天，天猫数据报告厅邀请来了500多媒体人士共同见证"双十一"的数据变化，海外媒体、纸媒、网媒、自媒体、卫视……几近无死角覆盖，马云自己也表示并不关注具体的数字。

西贝借势：从《舌尖上的中国2》的张爷爷到万字《西贝员工卧底海底

捞万字日记》。

西贝马燕发现《舌尖上的中国2》的"张爷爷手工酸汤挂面"和西贝产品理念(手工制作,没有任何添加)相似,于是迅速联系张爷爷将这道菜加入菜单,付费给他,还请张爷爷的传人到店里,并且教客人怎么做,鼓励客户把这个传播出去。2014年7月借势《舌尖上的中国2》,以600万元买断张爷爷手工挂面;8月初,《西贝员工卧底海底捞万字日记》这篇7年前的旧文,在瞬息万变的社交媒体上疯传。西贝的营销值得细品。

雕爷"内部邮件":美甲O2O河狸家半年估值10亿元。

河狸家还在筹备时,雕爷就通过其微信公众账号各种造势、埋笔,到河狸家上线后的每一步,雕爷的营销功底都在闪闪发光。各种酝酿、鼓劲、O2O站台……相关文章达数十篇。2014年8月底雕爷的一封"内部邮件"更是将河狸家推上浪尖。用雕爷的话讲:达到10亿元估值这件小事儿,阿芙用了整整8年,雕爷牛腩用了2年,而美甲O2O项目河狸家如果从2014年3月11日接第一单美甲开始算,仅仅用了半年!

广告打到海外去:电商刷屏纽约时代广场。

2014年6月中旬,中粮我买网海外包机直采美国车厘子,其"买全球,卖全球"的形象登陆美国纽约时代广场大屏,这是中国食品电商在纽约时代广场大屏的首秀,也由此引发国内众多电商品牌跟风登陆纽约时代大屏。7月21日,阿里集团旗下聚划算在纽约时代大屏发布招聘广告,"年薪30万元,只招处女座"、"处女座崛起"、"了不起的处女座"轮番播放。9月17日,阿里巴巴赴美上市前夕,蓝色光标通过时代广场大屏"示爱"阿里巴巴——"阿里巴巴,我们在这里等你,9月19日",引得不少现场游客驻足观看。11月11日,1号店11·11脱光底价广告牌亮相纽约时代广场大屏,一句中英双语的"11·11属于全人类"的广告语寓意深刻。

三八妇女节：马云请全国人民吃喝玩乐一天。

3.8 元看电影、3.8 元三小时 K 歌、3.8 折订座吃饭。3 月 8 日妇女节，马云请全国人民吃喝玩乐一天。"3.8 手机淘宝生活"节，是在全国范围内以大城市为核心、其他城市为联动的移动生活大规模消费体验，共涉及 230 家 KTV、800 家餐厅、288 家电影院和线下商场 1500 个品牌专柜，银泰商业、大悦城、新世界、华联、王府井这国内 5 大零售百货集团都加入到此次"3.8 手机淘宝生活"节的行列当中。阿里巴巴此次的总投入额超过去年"双十一"和"双十二"的总和。"3·8 事件"也引起了刚刚完成全资收购并更名的百度糯米的全面公关营销战，其宣布斥资 1 亿元抢先开干"3·7 女人节"。一场史无前例的 O2O 大战打响！战火的背后，是百度和阿里巴巴两大巨头对 O2O 的土豪式圈地。

☞O2O 模式的优势

2014 年 O2O 异常火热，潮水退去，或许才能看见谁在裸泳。商业本质还是产品和服务。不断提升和完善产品、服务才是王道！而服务恰恰是 O2O 模式的能量潜力——O2O 就是把线上的消费者引流到现实的商店中去，先在线上支付，然后再到线下去享受服务。同时也是把线下的商务交互与互联网结合在一起，让互联网成为线下交易的前台。这样线下的交易就能通过线上的服务来招揽消费者。消费者可以通过线上来筛选自己想要的，然后去线下体验以达成交易。事实上，随着移动互联网的发展，O2O 模式充分利用了这一点，同时又充分地挖掘了线下的资源，进而促成线上用户与线下商品和服务的交易成功。

O2O 模式的三大优势（如表 1－3 所示）。

表1-3 O2O 模式的三大优势

优势	含义
"三赢"效果	对线下商家而言，O2O 模式采用线上支付形式，支付信息将成为商家获取消费者消费信息的重要渠道。O2O 模式还可对商家的营销效果进行直观的统计、分析、追踪及评估，弥补了以往营销推广效果不可预测性的缺点。O2O 模式对消费者而言，为其提供了全面、及时、丰富及合适的商家优惠信息，消费者可以更加快捷筛选并订购合适的商品或服务。在线上查找商家，除了可以获取更丰富、更全面的商家及其服务信息外，还可以获得与线下直接消费相比较为便宜的价格。对平台商而言，O2O 模式可以带来高黏度的消费者，强大的推广作用及其可衡量的推广效果，可吸引大量线下生活服务商家加入
改善用户体验	B2B 改变了制造业交易方式，B2C、C2C 改变了零售业销售方式和人们的消费生活方式。而 B2B、B2C、C2C 商业模式的最大局限在于"用户体验"，随着用户产品体验诉求及产品服务诉求的日渐高涨，单一线上模式的"瓶颈"凸显出来。O2O 显然有效地解决了这一难题，这一跨越也使 O2O 模式成为了电子商务领域的新模式和新方向。线下的服务不能装箱配送，快递本身也无法传递社交体验所带来的快乐。但是通过 O2O 模式，将线下商品或服务进行展示，并提供在线支付"预约消费"，这对于消费者来说，不仅拓宽了选择的余地，还可以通过线上对比来选择和享受最令人期待且合适的服务
实现精准营销	互联网的虚拟性使 B2B、B2C、C2C 模式在线上达成了交易，但对线下发生了什么则无法掌控，这种粗放式交易无法提升电子商务的交易效率。O2O 模式的最大优势就是每笔交易的"可追踪"，推广效果的"可追查"。一方面，通过线上平台为商家导入更多的客流，并提高用户消费数据的收集力度，帮助商家实现精准营销；另一方面，充分挖掘线下商家资源，使用户享受更便捷、更合适的产品或服务

在上述三大优势中，实现精准营销是最终目的。因此，将 O2O 作为抓手，企业需重新确立全网同步的产品模式、动销模式、价盘体系、会员体系以及相匹配的业务流程，打造一套功能强大、体系稳健的全新 O2O 营销体系，最终实现线上引流、线下消费的 O2O 闭环落地系统。这样一来，O2O 动销引擎可以在企业与消费者之间建立一种长久、密切、深入的良性互动关系，最大限度地驱动企业销量与品牌的提升。

很多坐在办公室的白领都会疑惑为什么楼下烤串大叔的月收入都比自己高那么多，实际上那些烤串的收入一大部分都是通过微信订单获得的，而这个方法恰恰就是O2O。连烤串大叔都有这样先进的理念，所以，传统企业的"互联网+"落地，突破要从O2O开始，打造一个全新的O2O营销体系。只有这样，才能与时俱进，才能更好地发展。

当"互联网+"遇上工业4.0

2015年"两会"期间，"制定'互联网+'行动计划"明确写入政府工作报告。这一理念强调创新与融合，将互联网创新成果融入经济生活各个领域。

"工业4.0"，德国国家战略之一，着力于智能化制造，以物联网等为技术基础，整合、开发新的生产模式和商业模式。

互联网发展遇上新一轮工业革命，会发生什么？

一方面，信息技术融入工业，有助于提升实体经济的创新力和生产力。比如智能制造可提高资源使用效率，降低材料及能源消耗。无论对于人口众多的中国，还是力图增强工业竞争力的德国，这一发展思路都是必然选择。

另一方面，历次工业革命，除了带来生产力的飞跃，也都带动了信息和资讯传播：蒸汽动力加速了书本印刷，电力带来了收音机、电视、电话，而信息技术革命更是直接引发数据大爆炸。新一轮工业革命与信息技术发展并行共举，同为经济大国和工业大国，中德同时瞄准了这一发展先机。

"工业4.0"仍处于初期阶段，德国需要并希望与中方合作。例如，对于这一新理念和新战略，有很多内容尚待界定和明确。德国亚太经济委员会主席赫伯特·林哈德就指出，德中两国可在标准化方面开展合作，这有助于推动"工业4.0"发展。

选择与中国合作，庞大的市场往往是考量之一。的确，中国市场规模堪比整个欧洲，这一优势单个国家难以比拟。不过，德国人的眼光不只看到了中国的"大"，更认识到在"工业4.0"时代中国之"强"。

1987年9月20日，德国教授维纳·措恩在北京参与发送中国首封电子邮件。谈到如今中国信息产业的发展，措恩连呼"奇迹"。他认为，在这一领域，中国已具备较强的全球竞争力，软件行业优势尤为突出，有着广泛的年轻人才储备。

在汉诺威，马云"刷脸"，海尔拿出"空气盒子"，大唐电信展示"车联网"，"中国创造"让IT发烧友和业界专家击节叫好。多款中国产品获得汉诺威工业设计金奖，也是"中国创造"得到国际认可的明证。

此外，在数字化环境下，各行业"新桃换旧符"，转型中的后发优势会更加显著。德国国家科学与工程院院长孔翰宁指出，德国很多企业虽然实力强劲，但面对数字化新环境，必须投入大量资源转变旧有商业模式及内部结构，而中国多数企业并不需要经历这样的适应过程，这是中国的又一优势。

☞什么是工业4.0，看看工业和信息化部电子信息司安筱鹏副司长的观点

与国际社会关于第三次工业革命的说法不同，德国学术界和产业界认为，前三次工业革命的发生，分别源于机械化、电力和信息技术。

他们将18世纪引入机械制造设备定义为工业1.0，20世纪初的电气化定义为工业2.0，始于20世纪70年代的生产工艺自动化定义为工业3.0，而物

联网和制造业服务化迎来了以智能制造为主导的第四次工业革命，或革命性的生产方法，即"工业4.0"。德国"工业4.0"战略旨在通过充分利用信息通信技术和信息物理系统（CPS）相结合的手段，推动制造业向智能化转型。主要表现在以下几个方面。

第一，工业4.0是互联。

西门子、博世和蒂森克虏伯的专家在交流时都提到，工业4.0的核心是连接，要把设备、生产线、工厂、供应商、产品、客户紧密地连接在一起。"工业4.0"适应了万物互联的发展趋势，将无处不在的传感器、嵌入式终端系统、智能控制系统、通信设施通过信息物理系统（CPS）形成一个智能网络，使得产品与生产设备之间、不同的生产设备之间以及数字世界和物理世界之间能够互联，使得机器、工作部件、系统以及人类会通过网络持续地保持数字信息的交流。

一是生产设备之间的互联。从工业2.0时代到工业3.0时代的重要标志是单机智能设备的广泛普及。工业4.0工作组把1969年第一个可编程逻辑控制器Modicon084的使用作为工业3.0的起点，其核心是各种数控机床、工业机器人自动化设备在生产环节的推广，我们可以把它理解为单机设备智能化水平不断提升并广泛普及推广。工业4.0的核心是单机智能设备的互联，不同类型和功能的智能单机设备的互联组成智能生产线，不同的智能生产线间的互联组成智能车间，智能车间的互联组成智能工厂，不同地域、行业、企业的智能工厂的互联组成一个制造能力无所不在的智能制造系统，这些单机智能设备、智能生产线、智能车间及智能工厂可以自由地、动态地组合，以满足不断变化的制造需求，这是工业4.0区别于工业3.0的重要特征。

二是设备和产品的互联。正如德国总理默克尔在2014年汉诺威工博会上所讲的，工业4.0意味着智能工厂能够自行运转，零件与机器可以进行交流。

产品和生产设备之间能够通信，使得产品能理解制造的细节以及自己将被如何使用。同时，它们能协助生产过程，回答诸如"我是什么时候被制造的""哪组参数应该被用来处理我""我应该被传送到哪"等问题。

三是虚拟和现实的互联。信息物理系统（CPS）是工业4.0的核心，它通过将物理设备连接到互联网上，让物理设备具有计算、通信、控制、远程协调和自治五大功能，从而实现虚拟网络世界与现实物理世界的融合。信息物理系统（CPS）可以将资源、信息、物体以及人紧密联系在一起，从而创造物联网及相关服务，并将生产工厂转变为一个智能环境，这是实现设备、产品、人协调互动的基础。智能制造的核心在于实现机器智能和人类智能，实现生产过程的自感知、自适应、自诊断、自决策、自修复。

四是万物互联（Internet of Everything，IOE）。信息技术发展的终极目标是实现无所不在的连接，所有产品都将成为一个网络终端。万物互联就是人、物、数据和程序通过互联网连接在一起，实现人类社会人和人、人和物以及物和物之间的互联，重构整个社会的生产工具、生产方式和生活场景。人们能够以多种方式通过社交网络连接到互联网，基于感知、传输、处理的各类人造物将成为网络的终端，人、物、数据在网络环境下进行流程再造，基于物理世界感知和人群交互的在线化、实时化的数据与智能处理改变着我们对外部世界的响应模式。

第二，工业4.0是集成。

"工业4.0"将无处不在的传感器、嵌入式终端系统、智能控制系统、通信设施通过CPS形成一个智能网络，使人与人、人与机器、机器与机器以及服务与服务之间能够互联，从而实现横向、纵向和端对端的高度集成。集成是德国工业4.0的关键词，也是长期以来中国推动两化融合的关键词。在两化融合评估体系中，两化融合分为起步阶段、单项应用阶段、综合集成阶段、协同创新阶段四个阶段，综合集成是信息化和工业化融合走向纵向的重要标志，中国两化融合主要强调了企业间的横向集成和企业内部的纵向集成，而德国工业4.0增加了端到端的集成。

一是纵向集成。纵向集成不是一个新话题，伴随着信息技术与工业融合发展常讲常新，换句话说，企业信息化在各个部门发展阶段的里程碑，就是企业内部信息流、资金流和物流的集成，是在哪一个层次、哪一个环节、哪一个水平上，是生产环节上的集成（如研发设计内部信息集成），还是跨环节的集成（如研发设计与制造环节的集成），还是产品全生命周期的（如产品研发、设计、计划、工艺到生产、服务的全生命周期的信息集成）。工业4.0所要追求的就是在企业内部实现所有环节信息无缝链接，这是所有智能化的基础。

二是横向集成。在市场竞争牵引和信息技术创新驱动下，每一个企业都是在追求生产过程中的信息流、资金流、物流无缝链接与有机协同，在过去这一目标主要集中在企业内部，但现在这一目标远远不够了，企业要实现新的目标：从企业内部的信息集成向产业链信息集成，从企业内部协同研发体系到企业间的研发网络，从企业内部的供应链管理向企业间的协同供应链管理，从企业内部的价值链重构向企业间的价值链重构。横向集成是企业之间通过价值链以及信息网络所实现的一种资源整合，为实现各企业间的无缝合作，提供实时产品与服务，推动企业间研产供销、经营管理与生产控制、业务与财务全流程的无缝衔接和综合集成，实现产品开发、生产制造、经营管理等在不同企业间的信息共享和业务协同。

三是端到端集成。从某种意义上来讲，端到端的集成是一个新理念，各界对于端到端集成有不同的理解。所谓端到端就是围绕产品全生命周期的价值链创造，通过价值链上不同企业资源的整合，实现产品设计、生产制造、物流配送、使用维护的产品全生命周期的管理和服务，它以产品价值链创造集成供应商（一级、二级、三级……）、制造商（研发、设计、加工、配送）、分销商（一级、二级、三级……）以及客户信息流、物流和资金流，在为客户提供更有价值的产品和服务的同时，重构产业链各环节的价值体系。

第三，工业 4.0 是数据。

工业 4.0 的核心就是数据。SAP 高级副总裁柯曼说，企业数据分析就像汽车的后视镜，开车没有后视镜就没有安全感，但更重要的是车的前挡风玻璃——对实时数据的精准分析。

从工业 1.0、工业 2.0、工业 3.0 演进的角度来看，这一认识不无道理，数据是现代工业区别于传统工业生产体系的本质特征。在"工业 4.0"时代，制造企业的数据将会呈现爆炸式增长态势。信息物理系统（CPS）的推广、智能装备和终端的普及以及各种各样传感器的使用，将会带来无所不在的感知和连接，所有的生产装备、感知设备、联网终端，包括生产者本身都在源源不断地产生数据，这些数据将会渗透到企业运营、价值链乃至产品的整个生命周期，是工业 4.0 和制造革命的基石。

一是产品数据。包括设计、建模、工艺、加工、测试、维护、产品结构、零部件配置关系、变更记录等数据。产品的各种数据被记录、传输、处理和加工，使产品全生命周期管理成为可能，也为满足个性化的产品需求提供了条件。首先，外部设备将不再是记录产品数据的主要手段，内嵌在产品中的传感器将会获取更多的、实时的产品数据，使得产品管理能够贯穿需求、设计、生产、销售、售后到淘汰报废的全部生命历程。其次，企业与消费者之间的交互和交易行为也将产生大量数据，挖掘和分析这些数据，能够帮助消费者参与到产品的需求分析和产品设计、柔性加工等创新活动中。

二是运营数据。包括组织结构、业务管理、生产设备、市场营销、质量控制、生产、采购、库存、目标计划、电子商务等数据。工业生产过程无所不在的传感、连接，带来了无所不在的数据，这些数据会创新企业的研发、生产、运营、营销和管理方式。首先，生产线、生产设备的数据可以用于对设备本身进行实时监控，同时生产所产生的数据可以反馈至生产过程中，使工业控制和管理最优化。其次，对采购、仓储、销售、配送等供应链环节上的数据采集和分析，将带来效率的大幅提升和成本的大幅下降，并将极大地减少库存，改进和优化供应链。最后，利用销售数据、供应商数据的变化，可以动态调整优化生产、库存的节奏和规模。此外，基于实时感知的能源管理系统，能够在生产过程中不断实时优化能源效率。

三是价值链数据。包括客户、供应商、合作伙伴等数据。企业在当前全球化的经济环境中参与竞争，需要全面地了解技术开发、生产作业、采购销售、服务、内外部后勤等环节的竞争力要素。大数据技术的发展和应用，使得价值链上各环节数据和信息能够被深入分析和挖掘，为企业管理者和参与者提供了看待价值链的全新视角，使得企业有机会把价值链上更多的环节转化为企业的战略优势。例如，汽车公司大数据提前预测到哪些人会购买特定型号的汽车，从而使目标客户的响应率提高了15%~20%，客户忠诚度提高了7%。

四是外部数据。包括经济运行、行业、市场、竞争对手等数据。为了应对外部环境变化所带来的风险，企业必须充分掌握外部环境的发展现状以增强自身的应变能力。大数据分析技术在宏观经济分析、行业市场调研中得到了越来越广泛的应用，已经成为企业提升管理决策和市场应变能力的重要手段。少数领先的企业已经通过为包括从高管到营销甚至车间工人在内的员工提供信息、技能和工具，引导员工更好、更及时地在"影响点"做出决策。

第四，工业4.0是创新。

"工业4.0"的实施过程实际上就是制造业创新发展的过程,制造技术、产品、模式、业态、组织等方面的创新将会层出不穷。

一是技术创新。未来工业4.0的技术创新在三条轨道上进行:首先,是新型传感器、集成电路、人工智能、移动互联、大数据在信息技术创新体系中不断演进,并为新技术在其他行业的不断融合、渗透奠定技术基础。其次,是传统工业在信息化创新环境中,不断优化创新流程、创新手段和创新模式,在既有的技术路线上不断演进。最后,是传统工业与信息技术的融合发展,它既包括信息物理系统(CPS)、智能工厂整体解决方案等一系列综合集成技术,也包括集成工业软硬件的各种嵌入式系统、虚拟制造、工业应用电子等单项技术突破。

二是产品创新。信息通信技术不断融入工业装备中,推动着工业产品朝数字化、智能化方向发展,使产品结构不断优化升级。一方面,传统的汽车、船舶、家居的智能化创新步伐加快,如汽车正进入"全面感知+可靠通信+智能驾驶"的新时代,万物互联(IOE)时代正在到来;另一方面,制造装备从单机智能化向智能生产线、智能车间再到智能工厂演进,提供工厂级的系统化、集成化、成套化的生产装备成为产品创新的重要方向。

三是模式创新。"工业4.0"将发展出全新的生产模式、商业模式。首先,在生产模式层面,"工业4.0"对传统工业提出了新的挑战,要求从过去的"人脑分析判断+机器生产制造"的方式转变为"机器分析判断+机器生产制造"的方式,基于信息物理系统(CPS)的智能工厂和智能制造模式正在引领制造方式的变革。其次,在商业模式层面,"工业4.0"的"网络化制造"、"自我组织适应性强的物流"和"集成客户的制造工程"等特征,也使得它追求新的商业模式以率先满足动态的商业网络而非单个公司,网络众包、异地协同设计、大规模个性化定制、精准供应链管理等新型智能制造模式将加速构建产业竞争新优势。

四是业态创新。伴随信息等技术升级应用，从现有产业领域中衍生叠加出的新环节新活动，将会发展成为新的业态，进一步来讲，在新市场需求的拉动下，将会形成引发产业体系重大变革的产业。就目前来看，工业云服务、工业大数据应用、物联网应用都有可能成为或者催生出一些新的产业和新的经济增长点。制造与服务融合的趋势，使得全生命周期管理、总集成总承包、互联网金融、电子商务等加速重构产业价值链的新体系。

五是组织创新。在工业 4.0 时代，很多企业将会利用信息技术手段和现代管理理念，进行业务流程重组和企业组织再造，现有的组织体系将会被改变，符合智能制造要求的组织模式将会出现。基于信息物理系统（CPS）的智能工厂将会加快普及，进一步推动企业业务流程的优化和再造。企业组织管理创新，也是两化融合管理体系标准的重要内容，在两化融合管理体系的九大原则、四大核心要素、四个管理领域中都涉及，如何围绕企业获取可持续的竞争优势不断优化企业的业务流程和组织架构。从实践的角度来看，国内企业在组织创新方面做了很多积极的探索，海尔张瑞敏提出企业无边界、组织无领导、供应链无中心等新的管理理念。华为任正非提出让听见炮火的人指挥战斗，作战的基本单元要从师一级缩小到旅、团、营、连，一直到班，以后的战争是"班长的战争"。

第五，工业 4.0 是转型。

在"工业 4.0"时代，物联网和（服）务联网将渗透到工业的各个环节，形成高度灵活、个性化、智能化的产品与服务的生产模式，推动生产方式向大规模定制、服务型制造、创新驱动转变。

一是从大规模生产向个性化定制转型。"工业 4.0"给生产过程带来了极大的自由度与灵活性，通过在设计、供应链、制造、物流、服务等各个环节植入用户参与界面，新的生产体系能够实现针对每个客户、每个产品进行不同的设计、零部件采购、生产计划安排、制造加工实施、物流配送，极端情况下可以实现个性化的单件制造，问题的关键是，设计、制造、配送单件产品是盈利的。在这一过程中，用户由部分参与向全程参与转变，用户不仅出现在生产流程的两端，而且广泛、实时地参与生产和价值创造的全过程。实现真正的个性化定制将是一个漫长而艰辛的过程，这一进程只有起点没有终点。这次去德国考察工业4.0，德国相关机构提供了几个可供参观的工业4.0典型企业，其中一家企业的材料给我留下了深刻的影响，它介绍说工业4.0帮助企业建立了极多品种的极少量生产模式，这是我们后来考虑去这家企业参观学习的重要原因。

二是从生产型制造向服务型制造转型。服务型制造是工业4.0理念中工业未来转型的重要方向，越来越多的制造型企业围绕产品全生命周期的各个环节不断融入能够带来市场价值的增值服务，以此实现从传统的提供制造业产品向提供融入了大量服务要素的产品与服务组合转变。事实上，在德国工业4.0概念提出之前，服务型制造的理念已得到广泛认同。

三是从要素驱动向创新驱动转型。以廉价劳动力、大规模资本投入等传统要素驱动的发展模式将难以为继，移动互联网、云计算、物联网、大数据等新 代信息技术在制造业的集成应用，带来了产业链协同开放创新，带来了用户参与式创新，带来了制造业技术、产品、工艺、服务的全方位创新，不断催生和孕育出新技术、新业态和新模式，从而激发整个社会的创新创业激情，加快从传统的要素驱动向创新驱动转型。

☞图解工业4.0与"互联网＋"的关系

工业4.0或工业互联网本质上是互联网运动神经系统的萌芽，互联网中枢神经系统也就是云计算中的软件系统控制工业企业的生产设备、家庭的家用设备、办公室的办公设备，通过智能化、3D打印、无线传感等技术使得机械设备成为互联网大脑改造世界的工具。同时这些智能制造和智能设备也源源不断向互联网大脑反馈大数据，供互联网中枢神经系统决策使用（如图1-1所示）。

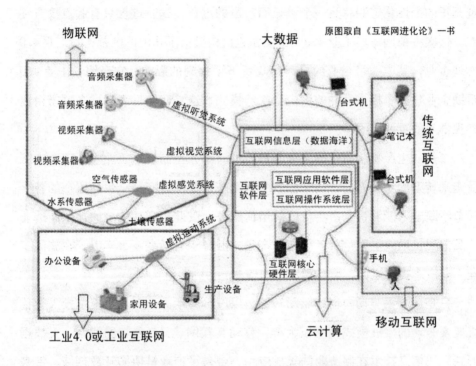

图1-1 工业4.0与"互联网+"的关系示意图

互联网新概念层出不穷，在云计算、物联网、大数据火热之后，工业4.0在2014年受到越来越多的关注，在2015年成为热点之前，我们有必要了解这个新概念究竟是什么含义，它和其他互联网概念间到底是什么关系。

2013年4月，德国政府在汉诺威工业博览会上正式推出提出"工业4.0"战略，其目的是提高德国工业的竞争力，在新一轮工业革命中占领先机。

德国学术界和产业界认为，"工业4.0"概念是以智能制造为主导的第四次工业革命，或革命性的生产方法。该战略旨在通过充分利用信息通信技术和网络空间虚拟系统——信息物理系统（Cyber – Physical System）相结合的手段，实现制造业向智能化转型。

德国的工业4.0没有明确指出它与互联网有什么关系，但实质上工业4.0依然是互联网进化过程中的一个组成部分，通俗地说，就是无数个行业被互联网浪潮冲击后，互联网开始改造工业制造业了。

有专家在2007年发表的互联网进化论论文中提出"互联网将向着与人类大脑高度相似的方向进化，它将具备自己的视觉、听觉、触觉、运动神经系统，也会拥有自己的记忆神经系统、中枢神经系统、自主神经系统"，也就是说，互联网正在形成一个"互联网大脑"，本书绘制了下列互联网未来结构图（如图1－2所示）。

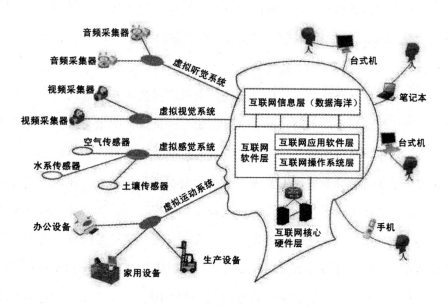

图1－2　互联网未来结构示意图

2014 年有专家曾经用这幅图分析了物联网、云计算、大数据与互联网的关系。

首先，物联网是互联网大脑的感觉神经系统，因为物联网重点突出了传感器感知的概念，同时它也具备网络线路传输、信息存储和处理、行业应用接口等功能，而且往往与互联网共用服务器，网络线路和应用接口，使人与人（Human to Human，H2H）、人与物（Human to Thing，H2T）、物与物（Thing to Thing，T2T）之间的交流变成可能，最终将使人类社会、信息空间和物理世界（人—机—物）融为一体。

其次，云计算是互联网大脑的中枢神经系统，在互联网虚拟大脑的架构中，互联网虚拟大脑的中枢神经系统是将互联网的核心硬件层、核心软件层和互联网信息层统一起来为互联网各虚拟神经系统提供支持和服务，从定义上看，云计算与互联网虚拟大脑中枢神经系统的特征非常吻合。在理想状态下，物联网的传感器和互联网的使用者通过网络线路和计算机终端与云计算进行交互，向云计算提供数据，接受云计算提供的服务。

最后，大数据是互联网智慧和意识产生的基础，也是互联网梦境时代到来的源泉，随着互联网大脑的日臻成熟，虚拟现实技术开始进入一个全新的时期，与传统虚拟现实不同，这一全新时期不再是虚拟图像与现实场景的叠加（AR），也不是看到眼前巨幕展现出来的三维立体画面（VR）。它开始与大数据、人工智能结合得更加紧密，以庞大的数据量为基础，让人工智能服务于虚拟现实技术，使人们在其中获得真实感和交互感，让人类大脑产生错觉，将视觉、听觉、嗅觉、运动等神经感觉与互联网梦境系统相互作用，在清醒的状态下产生梦境感（Realdream）。总体看来，西方企业和理论界不断提出互联网新概念，但这些概念相互之间是割裂的。但实质上，无论是物联网、云计算、大数据、移动互联网还是工业 4.0 依然是互联网未来发展的一部分，它们起到不同的作用。

☞海尔透明工厂为"中国制造2025"立了一个坐标

当互联网开始颠覆传统经济的发展模式，人们就一直在探寻新的生产模式。德国提出的工业4.0、美国创造的工业互联网成为西方探索的典范。当"中国制造2025"成为我国从制造大国向制造强国转变的重大战略话题，海尔做的海尔透明工厂发布会或许就将成为工业4.0中国版的样本。这不只是见证一个数字化、可视化的制造体系的诞生，也称得上是我国真正意义上的智能工厂和智能生产的开端。但它的教育和启迪意义远不止这些。

当前全球制造业正酝酿剧变，美欧国家推出新的工业计划（如德国的工业4.0），各国企业投资设厂又把东南亚、印度等地作为新目的地，我国制造业正开始遭受着双重挤压：高端制造业向发达国家回流，低端制造业向东南亚等低成本区转移。在如今的互联网信息时代，产业、劳动力和资本不再是决定市场的核心力量，中国要继续保持21世纪中心市场的地位就必须诞生一种能适应未来趋势的产业运营模式。刚好以智能制造为主导的第四次工业革命即工业4.0让我们看到了新的机会，这个海尔透明工厂或许就是"中国制造2025"第一个落地样本，也是工业4.0中国版的坐标。

2015年8月，海尔别开生面地在网易视频上召开在线网络新品发布会上，这可能是人类第一次无人、无现场、无产品的"三无"发布会，只是简单地在海尔互联工厂安装几个摄像头就开始向全世界进行直播，全球观众无论身在何处只要通过手机或者PC端就可以实时观看海尔互联工厂的生产情况。曾经封闭阴暗的工厂在海尔这里一下子变得高端先进科技感十足。这个类似裸奔的"三无"发布会不仅全方位地展示了海尔互联工厂的先进，也体现出海尔对自身互联工厂引领先进制造业的自信。我们看到了全球行业首创的自动化物流配送系统：U壳智能配送线；世界上第一条抽空、灌注智能无人线：郑州抽空、灌注智能无人线；等等。这只是这家世界首家可视化空调互联工厂的缩影，却标志着发展中国家与发达国家在高端制造上的同步，甚至超越。在这个互联工厂中，用户可以借助智能终端参与到产品设计、制造、营销等各个环节，从定制下单、工厂接单、模块化装配到订单下线、装车发货等，用户可实现随时随地了解产品进展，使产品生产尽在用户"掌握"之中。海尔这种互联工厂的中国工业4.0模式有别于德国工业4.0，德国4.0是依托德国强大工业基础，注重智能工厂和智能生产，其实质是实现信息化和自动化技术的高度集成，而海尔互联工厂是一种全新的"人单合一双赢"的商业模式，这不是简单地用机器人、自动化设备等武装工厂，而是把用户、供应商等相关者纳入研发、生产、销售等各个环节中，形成一个可视化、自驱动、自优化的动态制造体系。这种模式完全可能成为继福特大规模制造模式、丰田精益制造模式之后的第三个影响世界的制造模式，因为福特和丰田模式是以产品为核心，企业与用户作为主客体双方在不透明的生产交易中实现价值交换。而海尔互联工厂模式是在互联网时代，以开放共赢的方式将用户、企业相关资源方等要素聚合形成真正的利益共同体和价值共同体。这是一个内外互联、信息互联和虚实互联三者融合的过程。而数字化、可视化的智能制造体系则成为企业和组织变革的核心。海尔正以边破边立的方式，打造出一个全球消费者随时随地可视的工业4.0中国版的制造新形态，在自破自立自我颠覆中华丽丽地成为"中国制造2025"的先行者和代言人。

移动互联网时代，用户需求开始取代科学技术成为第一生产力，传统大规模、标准化的生产模式不再适应用户碎片化、个性化需求，互联互通的个性化柔性定制生产模式就成了新的发展方向。海尔以互联工厂构建的工业4.0版本恰好给了我们新的方向，这其中的革新与创造更加值得我们学习与借鉴：第一，透明工厂是在分布式生产的基础上形成了开放的、透明的、可视化的组织模式，透明、可视、开放是对现有制造业组织结构的直接颠覆，是在利用移动互联技术实现"人机互联、机机互联、机物互联"的基础上真正实现全民参与、全民互联。海尔将涉及企业商业机密的生产线置于大庭广众之下虽是个险招，却赢得了最宝贵的信任。第二，互联工厂是工厂和用户高度连接的产物，工厂的个性化、模块化、数字化定制是左膀，保证工厂生产效率提升；用户参与产品设计、研发、生产、营销等流程是右臂，保证实现柔性化个性定制。左膀右臂强强联合方能形成聚合力。第三，互联工厂的核心其实是定制、互联和可视。通过实现用户全程参与满足其碎片化需求从而做到个性定制，也把原来的库存生产转变为用户创造，用户由"消费者"转变为"产销者"；通过改变原来传统的 ERP 的信息系统，采用智能化的新体系，实现用户和工厂的零距离，并将虚拟和实体制造结合，实现透明可视的全流程制造，做到互联和可视。这恰好创造出生产可视化、用户高参与、利益链共享的工业4.0中国版模式。

最后必须肯定：这不只是工厂生产模式的颠覆，更是对企业现有组织形态乃至社会经济结构的变革。作为国民，我们骄傲地看到海尔透明工厂开启了一个用户个性化定制家电的新时代，同样更加期待在制造大国的土地上能涌现出更多这样的数字化互联工厂。而这不只是海尔的使命，更是国人的使命！

随着机器人、机械手在生产服务过程中的应用，在国家"互联网+"的大战略下，不断涌现出很多的无人车间、无灯车间、透明车间，接下来就会有更多的智能生产系统、智能车间涌现，用户在网上下订单，系统把客户的个性化需求转换成生产指令并下达给智能车间，产品生产完成后又通过智能仓储系统把产品快递给下单的用户，这就是"互联网+"、工业4.0、O2O 的完美结合的最高境界，这一天离我们已经越来越近。

小结：中小企业如何拥抱互联网

互联网的技术发展是不可逆的，尽管有国家层面的宏观政策的大力支持，但人们总感觉"互联网＋"和O2O只与一些大企业相关，似乎与中小企业和小微企业没有太大的关系。现在不断有媒体爆出很多的O2O项目把投资者的钱扫完之后就宣布歇业倒闭，笔者认为这些都源于中国人盲目跟风，自以为"只要站在风口上猪都能够飞起来"的盲目自信，还有就是对互联网本质的曲解。很多人认为O2O就是去中间化，互联网就是廉价，只要把中间化去掉，让用户享受到廉价的商品和服务就能把O2O项目做起来，正是有这样"随大流"的错误认知，才导致今天大把O2O项目失败的结局。那么到底中小企业应该如何拥抱互联网呢？笔者给大家如下几点建议：

1. 千万不要单干，一定要学会结盟、联盟，学会与供应商、代理商、经销商、竞争对手联盟起来，从竞争走向竞合，从单赢走向共赢和多赢。

2. 如果一个企业没有这种能力去结盟和联盟，那么可以通过行业协会、商会等民间组织来组织和协调。

3. 通过结盟和联盟来共同构建一个O2O商城，这样投资少、见效快，虽然利润相对较低，但基本没有风险，具体的操作方法本书的后续章节有专门的介绍。

4. O2O商城构建时，应该要把"互联网＋"的概念融入进去，通过"互联网＋"把商城的相关各方连接在一起，并进行数据分析，然后将分析的结果转换成实现智能化生产，或智能化服务的参数，并最终实现智能化生产或服务。例如，一家做服装的企业，与材料供应商、代理商、经销商、其他服装品牌商联盟起来共同构建一个服装销售的O2O商城，通过对消费者购买群体和购买产品的数据分析来指导新产品的设计、新布料的开发，然后再把这些数据进行编程处理，就可以实现智能化生产，发展到最后，只要买家在这个平台下单，系统就会自动把数据传给智能化生产系统，生产好后再自动发货给买家（当然这个过程不是一步到位，需要一步步推进）。

能够把以上几点做到就基本上已经用好了"互联网＋"、O2O、工业4.0了，但这些东西真的不是一家中小企业就可以轻松实现的，必须要通过结盟和联盟才能实现，甚至结盟在一起后都会有很多苦难需要一步步克服之后才能慢慢实现，而且这个过程可能会需要几年的时间。当然，连各行各业的巨头都走结盟、联盟之路，如果我们中小企业不面对现实，不拥抱互联网，那么就一定会成为时代弃儿。所以，在移动互联网时代，我们除了拥抱互联网，真的别无选择！

第二章　当"互联网＋"与O2O相结合——被重构的商业模式

传统企业在接受互联网信息化改造和施行O2O模式之前，必须提前对商业模式进行再造。因为，当企业还没有弄清楚未来的战略目标，并以终为始地为战略目标去重塑自身商业模式、做好模式布局的时候，就贸然地进行互联网改造转型，为了互联网而互联网，就势必容易导致瞎子摸象、南辕北辙的结局。

互联网＋O2O势在必行

学过电子商务的朋友都知道，电子商务的传统模式一般分为以下几种：B2B模式是企业对企业，B2C模式是企业对个人，C2C模式是个人对个人。得益于移动互联网的发展成熟，商界多年一直得不到真正落地的O2O模式，终于看到走向更光明未来的曙光；而在"互联网＋"的趋势下，O2O则势在必行。

☞如何借O2O平台发展

老广酒楼成立于1997年，以经营粤菜为主，海鲜为辅，其"广式烤鸭"堪称京城一绝，多年来得到顾客的高度评价。移动互联网兴起之后，各种碎片化的消费让老广酒楼有些手足无措。虽然在网上投过不少的广告，但是网络的营销评价体系与线下实体完全是两个不同的概念，加上传统企业思维与互联网思维的不同，使得老广酒楼多年来尝试的企业转型之路并不是很顺畅。

后来，老广酒楼联合百度糯米推出了储值卡，其中一家店试运营4个月内就达到了上百万元的流水，相比于以往直接团购的方式带来的单次消费弊端，储值卡更具有维系老顾客、会员常态化的优势。在储值卡方面，目前已有数据显示，在2015年的"7·18活动"当日，二三线城市有些商家，座上客单日储值卡流水突破20万元，与糯米合作推出的500元储值卡一天就卖出500多张，这也就意味着这一天内就有500多用户成为座上客"会员"，会继续回头消费。

同样的情况还发生在新兴潮牌火锅连锁店"Hi辣火锅"以及"大渔铁板烧"身上。前者在与百度糯米合作后迅速获得了大批口味趋同的年轻移动互联网用户，拉动流水迅速增长和品牌曝光；后者在与百度糯米3年独家合作中品牌知名度得到大幅度提升，如今已经成为餐饮细分品类龙头企业。2015年最新数据显示，百度糯米餐饮美食品类流水超2.5亿元，同比增长达22倍，比此前"6·20五周年"吃货节时的流水最高峰再次增长50%，4万张商户储值卡更在一天内迅速售罄。

☞O2O平台最合适共赢的逻辑

在餐饮行业的转型模式以及新运营思路上，商家也一直在探索自搭营销路子以及借力O2O平台的模式。一个刚成立的餐饮公司不可能迅速扩充多少分店,同时,移动互联网时代的产品推广及营销方式也与纯线下的方式有所不同。而传统餐饮企业要转型,第一步是具备互联网思维,自搭平台并非最好的选择。

虽然试错的成本对这些商家而言不算太多,但是成功时间以及技术性因素都是问题,很可能你在探索的时候,你的竞争对手已经借助其他平台超越了你。对于大部分商家而言,加入平台是餐饮行业转型以及新餐饮公司运营的最佳选择。在2015年的"7·18活动"当天,地方糯米商户的爆棚抢购场面恰好能说明这一点。根据商家的反馈,成都春熙路久久丫提前5倍备货,下午5点多就全部卖光;而合肥提前囤了3倍货的楚味蛋糕店到下午2时全部卖光,甚至紧急从工厂调货两次。

前文的多个餐饮案例,都是传统餐饮企业借助团购平台转型的案例。餐饮行业是O2O领域的重头戏,是各大O2O平台的必争之地。早期的团购给予商家一些品牌方面的推广展示,纯粹以低价的形式吸引用户,至于用户黏性方面自然不敢说,大部分时候也是牺牲商家利益的。因此,能够与商家及商户共赢的团购平台,应该是既为商户导流,又能通过改造商家管理体系使其具备数据化管理营销能力,同时还能够通过各种活动为商家提供更多的品牌营销的机会。因此,平台帮助商户做营销及管理,商户能够获得更多的流水与收入,则会有更多的投入在平台上,从而实现三方的合作共赢。

仍旧举例说明。如众多影院与百度糯米电影合作的联名会员卡,2015年五一期间卖出近10万张,7月18日前后累计售罄超3万张,观众观影能够享受会员价、影院实现影票大卖的同时,也使得百度糯米电影业务流水同比增长12倍,单日观影出票量也创下240万张新高,在全国线上线下整体观影市场份额也冲破了20%大关,实现了用户、影院、平台的三方共赢。从企业转型方面来看，为用户提供信息化上的东西这是初步，能够通过数据、营销等倒逼传统企业的进步才能担当促进产业转型的重任。

☞O2O平台适合"互联网+"时代的商户

通过上面的案例以及对平台的分析，可以看到包括生活服务在内的O2O类平台有其共性。将这些共性加以归纳，可总结出当前O2O平台应该具备的几个能力。也就是说，在当前"互联网+"时代各行业不断增长的商业O2O服务需求的形势下，O2O平台尤其是生活服务平台至少应该具备以下三种能力。

一是拉新用户的能力。一个生活服务平台能否为商户提供足够的价值，就要看其能否通过各种渠道拉新用户。渠道以及流量用户越多，越能体现平台的高拉新能力。以百度糯米为例，在导流方面，除了自有平台外，还有百度搜索、手机百度、百度地图等为餐饮商户开辟的全网入口，可以带来更多流量。而微信将大众点评融入，也是这个逻辑。

二是稳住回头客。能否对已经"登记造册"的新用户进行二次营销，使其成为回头客主要是看商家的客户管理能力。百度糯米有商家管理系统，可通过店铺页聚合、储值卡和会员体系打造、到店付等方式不断提高"客户留存"，并可以利用餐饮大数据和用户行为数据为商家管理和营销提供精准决策依据，进一步帮助商户搭建自我营销平台。当前的精准营销，是离不开大数据的，这点已在社区O2O、汽车O2O等众多平台得到验证。

三是通过创新节日和地推拉动流水。现在大家都已明白，O2O是个"三分线上七分线下"的苦差事，地推是这个领域走向成功必不可少的一环。同时，一个生活服务平台也必须有相应的营销活动与之匹配，从而为商户提供更多的线上线下展示机会。仍以百度糯米为例，其深耕精选品牌战略，是通

过百度品牌影响力为商家背书,除了正常节日的重度营销,还创新推出了
"3·7女生节"、"5·17吃货节"、"6·20周年庆"、"7·18暑期狂欢趴"
等多个节日,通过线上线下营销活动帮助商家拓展市场,直接拉动流水增长。

海量互联网和移动互联网用户通过线上搜索、选择、比较、交流、支付
能够为商户带来更多的流量。然而,在商家与用户之间的消费路径已然被互
联网重构的背景下,如何更好地让消费者知道、找到,不断提升品牌声誉并
把潜在用户变现,会是餐饮商家面对的新挑战。这些即是文章开头所说的
O2O服务的差异化。

毫无疑问,当前而言,具备高拉新能力,能够通过商家管理系统稳住回
头客,并能够适时创新节日,结合地推拉流水的平台,会是众多商户的首选。
而具备这些能力的O2O平台,也将更适合当前"互联网+"时代的商家。

因此,互联网+O2O势在必行!

O2O,每个传统企业的必修课

O2O的出现,无疑是帮助传统企业适应新型商业模式的良方,它可以把
持续高热的线上电商和线下实体店紧密连接起来,将传统企业的线下体验和
线上的方便快捷体验相结合,在发挥传统企业优势的同时,打造互联网电子
化模式。因此,许多传统企业顺应趋势,开始疯狂地进行微信O2O尝试:有
的企业迷信"扫码可以连接一切",但只注重订阅号的下发,而忽视了线上
线下体验;也有的企业开始盲目建站,认为只要建起微店,就可主动营销,
提高访客量、转化率、客单价,实现自收银,等等。

传统企业要想实现转型升级，O2O是必修的课程。因此，企业就要首先了解认识上的误区，其次是明确认识，最后排除干扰并将O2O实施。

☞对 O2O 的错误认识

说起对O2O认识的误区，真是五花八门、不计其数。下面我们来列举一些，让企业能够反思一二（如表2-1所示）。

表2-1 对 O2O 的错误认识概述

序号	内容
1	O2O就是线上到线下，也就是线上购买、线下享受服务。最开始O2O的确是这个意思，但是现在的O2O可没有那么单纯了，除了线上到线下之外，还包含了太多其他的东西。很多企业往往简单地希望通过O2O将线上流量引导到线下店铺，可惜不是这样的
2	啥都叫O2O，整点什么都往O2O上靠，尤其是一批微信营销培训大师＋微信营销工具。"江湖"上不断涌现出一批批微信营销培训大师，结合成功学的痕迹，忽悠着一个个中小企业前赴后继地跳进来，然后被套牢被伤害
3	产品用户不等于O2O用户，上千万的线下用户并不一定是你的线上粉丝。很多企业开口就说，我们每年有几百万几千万的购买用户。可惜的是，这些线下购买用户并不一定是你的粉丝、你的O2O用户，你用什么样的场景和红利来激励他们转化为你的粉丝和O2O用户，这才是关键
4	二维码就是O2O，扫码就是O2O。很多企业被误导着以为上了二维码就是上了O2O，一扫码就是O2O，然后满大街、满门店都充斥着各种二维码，可是没有消费者场景，没有消费者需求驱动，没有消费者的接触点触发，根本没有人扫码。我为什么要扫你的码
5	O2O为了闭环而闭环，移动支付就是O2O。在移动支付、第三方支付的鼓吹下，企业又以为只要上了微信支付、支付宝等，就实现了O2O的闭环，其实这也是一种误解，就算闭环也是微信和阿里巴巴的内循环闭环，跟你没有任何关系，你的闭环到底是什么？是收到钱而没有收到数据？还是继续将口碑分享出去呢
6	O2O平台越多越好，O2O平台可以解决所有问题。企业盲目相信平台，各种平台都去"占个坑"，电商平台、移动电商平台、导航、团购，等等，什么都参与一下，以为平台越多流量越大，其实恰恰相反，而且平台不可能解决你的所有问题，尤其是线下问题

序号	内容
7	O2O 可以完全托管,可以完全代运营。必须告诉你,这个"完全"很不靠谱,因为O2O是要融合你的商务电子化、你的线上线下、你的利益分配和组织调整,等等,"完全"让外面的人弄简直是天方夜谭。不过,未来行业成熟了,你的O2O基础也具备了,倒是有可能,但是最初的时候不可能
8	O2O 就是为了销售。企业一搞O2O,就做成O+O了,在线上单纯地大搞促销和爆款,钟情于电子商务和销售,恰恰忽略了利用移动互联和新技术等提升客户体验和服务体系。考核指标是业绩,这个"指挥棒"会要了你的命
9	O2O 不理解商家诉求,不理解用户诉求。企业可能出于不落地原因,也可能出于历史和人员原因,不去站在地上接地气,不去深入了解商家的用户的诉求,而是直接假设、直接规划,然后患了大平台病,高大上的平台大干快上,最终会是什么结局?一个看夕阳的落寞戏台而已
10	O2O 就是活动,不需要戏台,不需要数据。O2O是以人为本的,而且是数字化、移动化和社交化的,这里面全部通过数据来贯穿和跟踪。大部分企业的O2O不考虑数据,不考虑用户 ID 的统一和唯一识别,这也导致O2O活动成为无根之浮萍

☞明确对 O2O 的正确认识

在一次次的疯狂尝试中,传统企业开始发现转型O2O并不简单,开始出现各种各样的问题,不是毫无起色,就是效果远远低于预期,许多企业不禁开始怀疑转型O2O是否正确。为什么会出现这样的结果呢?原因很简单,因为多数企业对O2O的认识并不正确。

想要完美转型,需要先明确以下几点:

首先,微信不仅是营销平台。很多企业将入驻微信看作是一个市场营销,这并不正确。社交平台的出现,是为了维持人与人之间的关系,但当这段关系中掺杂了太多利益的时候,感情便变得不那么纯粹。平台中的用户每天面临铺天盖地的营销信息的时候,会因厌烦而转战其他平台。微博就是这样一个例子。

其次，O2O是企业与消费者的连接线。O2O从本质来说是做消费者数据的采集、分类和应用，意不在开发新的领域，而是拉动现有的消费者消费。通过引导消费者，最大化地将消费者聚集到一起，进行交互服务，提升消费者体验感，从而提高消费者品牌忠诚度，用有针对性的消息推送，拉动消费者消费，为企业增加盈利。

最后，转型O2O是个大动作。转型O2O并不是简单地开个微信账号、开个网店那么简单。真正的O2O需要把样品、门店、店员、派单等多种环节整合，与微信挂钩并进行系统化的采集与应用。因此，就需要企业对自身组织架构、工作流程等方面进行改变和调整，这也是很多企业在转型O2O中的难点。

了解了什么是O2O，下面就要考虑如何去做了。

☞解除疑惑，付诸实施

传统企业在转型做O2O时，或多或少都会有一些疑问，总结起来无外乎以下五点疑惑：一是用户在哪里？商机又在哪里？二是传统企业如何利用互联网思维应对全渠道转型？三是传统企业如何结合微信的力量，实现线上与线下、实体经济与网络经济的有机融合，走上可持续发展之路？四是如何利用O2O营销平台，充分发挥互联网的优势，将线下实体业务价值最大化？五是如何结合微信营销来唤醒企业沉睡的会员客户，提升会员客户的潜在价值和忠诚度？

针对上述五点疑惑，企业不妨尝试从以下三个方面入手：

首先，全运营流程的互联网化。也就是在和最终消费者有接触的线下触点上，部署接入互联网的入口，将线下的业务转化成为线上的业务，这是传统企业实现O2O的基础，没有这个基础，更深层次的O2O也无从谈起了。

其次，消费者体验再造。将企业的线上、线下资源平台化，对于消费者而言是一个统一的接口，而现在的很多传统企业，线上、线下销售的是不同的产品，甚至用不同的品牌，看上去完全像是两个企业在服务消费者。针对这一问题，企业还要实现消费流程的简化。

最后，建立以消费者为中心的全营销体系。传统的线下体系以"售卖"为核心，在O2O时代，这种流程已经不可取了，企业需要频繁地和消费者互动，了解消费者的需求，并赢得他们的喜爱。

不管是企业固守在线下、做纯电商或者是做O2O，生意的本质是不会变的，企业需要将他们的产品卖给消费者，并且从中获取利润，让企业得以不断发展、成长。不管用什么通路，企业需要用最低的营销成本实现最大的客户转化。在这中间，不论是线上、线下还是O2O，三种方式都只是企业完成生意的手段罢了，在没有互联网的时代中，企业会想尽一切办法打通线下通路，而现在，企业要做的就是利用线上，利用增加的通路，更好地拉升他们的生意。O2O要做的是优化企业多年的积累与资本，让它们可以为企业创造更多的营销价值。

互联网 + O2O 进化 "三个阶段"

从各大互联网公司的发展轨迹来看，互联网大体可以分为三个阶段：通信时代，免费不再是一种战略；电商时代，打破了中国传统的商业生态，垂直化、"小而美"的商业时代到来；实体时代，跨界整合才是真正的创新。

这三个阶段，用"O2O"这个词来概括最合适，因为它正好遵循着O2O的"线上—连接—线下"的路径。其中，第一个"O"正是第一个阶段，即线上，信息时代；中间的"2"代表第二个阶段，即连接，电商时代；后一个"O"也就是最后一个阶段，即线下，实体时代。

从目前来看，整个互联网已经完成了第一阶段，最近几年没有出现过能比肩百度、腾讯、360、优酷、网易这些作为流量入口的企业。同时互联网基本走完了第二个阶段，阿里巴巴、京东的上市似乎为这个阶段画上了一个句号，此后在零售这个领域，也很难再有更大的想象空间。但是，在"互联网＋"时代，因为传统行业种类庞杂、相差甚大，所以在触网过程中，每一个行业都充满着想象，真是"万类霜天竞自由"！也正因为如此，互联网的上述三个阶段才刚刚开始，可以说，这是目前整个人类所处的互联网发展的阶段，也是"互联网＋"时代传统行业通过O2O升级的大致方向。

☞免费不再是一种战略

在通信时代，O2O的本质就是线上订单、线下发货，订单只能从线上到线下单向流动。大部分企业卡在这一"入门级"阶段。这种方式对传统渠道的改造较小，品牌商负责引流，渠道商负责接单，组织不用"伤筋动骨"，就能在现有结构基础上实现销量的大幅提升，因此成为大部分企业的选择。

这一段位的O2O有两个难点：一是定价。对经销商体制的品牌来说，以前是品牌商先定出一个在网上有竞争力的价格，接到单后分配给经销商，有时这个价格会比经销商的进货价还低，这样完全不能推动O2O实现。现在是倒过来，在给经销商留出利润空间的基础上推算出网上价格，但是价格没有吸引力了。即使是直营体制，线上和线下成本的差异，也让定价陷入两难。所以目前普遍的情况还是试点同价，用一部分商品做出线上线下同价的形象。

二是线上线下的利益分配。线上线下的利益分配更是棘手，谁能接单，谁来发货，人员激励怎么办？传统企业做了这么多年，体制盘根错节，很多事情不能"一刀切"，切不好可能就此引发一场"赤色革命"。最终品牌商往往是"赔本赚吆喝"。

免费的玩法让整个行业入不敷出，大家只能靠着风投的钱勉强度日。在这里不得不提360和腾讯这两个欢喜冤家，360的免费杀毒不仅给自己带来了亿万用户，更重要的是它成功地关上了互联网收费的大门，用户觉得连杀毒软件都免费了，其他的还好意思收费吗？一来二去，那些曾经坚持收费的厂商死的死，免费的免费，面向用户的产品很难再找到收费的了，整个行业处在一个入不敷出的尴尬局面。

☞垂直化、"小而美"商业时代到来

在电商时代，数据从线下往线上流动，形成完整的信息闭环，"线上订单，线下发货"的模式彻底推行顺畅了。如果用一句话来概括这个阶段，最合适的是"互联网融合了传统行业的零售，垂直化、'小而美'商业时代到来"。因为零售作为市场经济下自由买卖关系中最核心的环节，它是最能赚钱，也是最容易赚钱的。那么想要赚钱，肯定得想方设法切入到这个环节里去。

这种切入方式无非两种：一是影响用户决策，例如美丽说、大众点评之类的；二是促成用户交易，例如淘宝、美团之类。当然，与决策类的相比，交易类肯定更赚钱，因为它控制着现金流，直接影响着决策类的发展。因此大家肯定都愿意去做交易，只有在没办法的情况下才会考虑去做决策。制造业最终的产物都是一个个标准的产品，容易做交易，所以淘宝早于蘑菇街；而服务业的产物都是非标准的，很难直接做成交易，所以大众点评慢慢悠悠地做了十多年，直到千团大战，狂热的资本把全国人民教育了一通，大家发现吃喝玩乐也可以在网上买，这才有了美团这种做交易的。

至于怎么做决策，如何做交易，这里面又有太多值得写的事情，在此不再赘述。但无论是做交易，还是做决策，互联网终于融合了传统行业的零售，给自己"补足了血"，马云也顺利地踢掉了游戏大亨们，登上了首富的宝座；奶茶妹妹也当上了京东的老板娘，并且感谢东哥，整个行业欣欣向荣，形势一片大好。也许正是因为形势大好，一夜暴富的欲望让每一个掘金者都热血沸腾。投资人的热钱不断地涌进来，"挑逗"着每一个创业者的小心脏。根据IT桔子2015年4月19日数据，目前已有1606家投资机构，这还不包括众多独立的天使投资人；国内已有15194家创业公司，而且每天都有新加入的；就连服务于创业的投融资平台、法律服务平台也是风生水起。

这景象就是万众创业的新高潮。可问题是创业做什么呢？第一阶段单纯线上的事，基本是没戏了，现在如果还想着圈用户，做新的流量入口，那得问问BAT答不答应，即使他们答应，可关键是现在是否还有那种既大又强，并且可以通过互联网满足的需求。要是能找到，那真是对老一辈互联网从业者的侮辱。第二阶段呢，做交易？做决策？但阿里巴巴、京东去年的上市似乎也为这个阶段画上了句号。如今去看各行各业，几乎全部都有连接线上线下的平台，也差不多各有各的寡头，像婚庆、装修、医疗、教育这类行业还算是有得做，但复杂程度要高出吃喝玩乐类的行业太多。

当然，我们完全可以在以"小而美"的模式起步之后，通过跨界融合、异业联盟来一步步扩大经营，就如同河狸家先从美甲起步，然后再到美容、保健。或许看起来，好的机会窗口已经关闭了，但这些都不是问题，毕竟事在人为，搞投资的和搞互联网的人士都是高智商的精英人才，这两种人，一种有钱，另一种有才，碰到一起肯定会擦出不一样的火花。这个火花就是"跨界整合才是真正的创新"的实体时代。

☞跨界整合才是真正的创新

在实体时代，跨界整合正在再造传统行业的生产，这里的生产包括设计、制造以及后续的服务等。企业过去适应工业大生产的部门设置，要转向为信息流服务的新结构，"实"的物流、资金，要与"虚"的订单、信息紧密结合起来，数据能自由流动，物流和资金也要配合出千变万化来，最终给消费者营造一个"无障碍"的消费空间。

从具体的执行来看，大致可以分为两个流派：一种是品牌型，像小米、西少爷等，自己只是某一行业中一个具体的品牌商家，提供产品或者服务；另一种是平台型，像河狸家、阿姨帮等，打破原有中介，自己做成最大的中介，解放手艺人。两个流派采用的方法都差不多，主要是三板斧：第一板斧是砍成本，像小米砍掉库存、渠道成本，像河狸家砍掉实体店面成本，以此来保证能做到价廉；第二板斧是提升产品或服务，像阿姨帮的培训，以此来保证能做到物美；第三板斧就是吆喝，逮到机会就往互联网思维等高大上的概念靠近，这样的吆喝慢慢地把自己捧成了"阳春白雪"，原有的传统行业自然就沦为"下里巴人"了，这就是高格调。

品牌类流派的规模越大，收益也会越大。因为其前期投入的成本很高，像小米的研发，硬件的设计，而这些成本会平摊到每一个产品上，规模越大，每一个产品平摊的成本越小，假设产品售价和产品固定成本（生产每个产品的物料、人工等）不变，那么规模越大，每个产品的利润越高，总收益等于两者的乘积，那自然也会越来越高。因此，品牌类的收益，规模小的时候一直为负，随着规模的增大，收益会转负为正乃至越来越高。

相比之下，平台类流派却不一样，它的收益，在规模大的时候也为负。因为这种平台是靠服务，是靠人累积起来的，产生价值的永远是服务在一线的手艺人，要想扩大规模，必须扩招同样多的手艺人。刚开始平台方会有一些小的投入，也许通过几个手艺人就赚回来了，再多一些手艺人就赚得更多了，但手艺人的数量多到一些程度，可能就需要管理了，而且这些管理成本是高于线性增长的（管理就会有层级，人越多层级越多，成本越高于线性）。这些管理的成本自然会平摊到每一项服务中，假设服务售价和手艺人成本不变，即规模是线性增长的，那么其对应增加的成本是高于线性的，每项服务的最终收益必是高于线性减少的，最终的乘积，即总收益会持续地降低。因此我们发现原有线下的美甲店、家政公司等，都没有大规模连锁的企业，反而都是小公司，也许有这方面的因素。不过以上的分析都是基于将这些手艺人"包养"起来，如果只是提供简单的平台，那请忽略。

在这波浪潮中，谁能笑到最后呢？无论结果如何，我们都可以看到，在这个阶段，互联网正带动着原有产业的升级，有点"中国创造"的感觉了。

综上所述，整个互联网的进化，正是一条"线上—连接—线下"的轨迹。这一切就是"O2O"，它是一部互联网的进化史。先是颠覆了数字化信息的传播，但免费的玩法却让大家赚不到钱，于是乎就将目光瞄向了连接线下，从此零售也可以在网上进行了。传统行业靠着自己所理解的互联网思维积极转型，这正是我们现在所处的时代，也是未来几年发展的方向。

在"互联网+"下O2O模式将被细分

从表面上看，O2O的关键似乎是网络上的信息发布，因为只有互联网才能把商家信息传播得更快、更远、更广，可以瞬间聚集强大的消费能力。但实际上，O2O 的核心不在于把货品塞进箱子里面，而是让客户到线下体验。在"互联网＋"时代，O2O 模式将被细分，这主要包括 3 个方面：渠道立体化、品牌人格化、销售个体化。

☞渠道立体化

经过了几年的发展，O2O 模式已经被大多数商业经营者所认可，无论是从线下拓展到线上还是从线上扩张到线下，新的商业模式都得到了长足优化。但事实上，O2O 模式在发展过程中却有着最为致命的缺点，就是会出现企业线上与线下"左右手互搏"的尴尬局面。如何将两者完美融合，以达到相辅相成的效果？答案是通过 O2O 完成线上线下的融合，建立立体化的"全渠道"模式。

全渠道模式不仅仅意味着线下企业做电子商务，或者电商企业做线下体验，它强调的是各个渠道的无缝融合。简单来说，全渠道模式就是立足于用户体验，在线上与线下各个渠道均提供给用户"无差别"的购买体验，满足用户立体化的消费需求。全渠道模式是 O2O 深入发展的必然趋势，也必然会成为商业竞争的下一个主战场。

综观市场现状，大部分企业的 O2O 依然处于盲目扩张状态。线下商家大面积关停实体店而转向投资线上渠道，电商们又纷纷开设线下体验店，这两种模式的线上与线下却呈现出独立运营的结构，导致商业模式整体出现畸形或自相残杀的局面。而全渠道模式下的 O2O 则要求线上与线下互补合作、彼此引流，达到商业利益最大化。

全渠道模式意味着各个销售渠道之间的全面打通并相互作用，且渠道的功能各有侧重，共同服务于"立体用户体验"这一核心目标。O2O 的一端是电商，另一端是实体店，能将双方彻底打通的"利器"或许可以选择大数据技术。

既然是网络加实体店加移动端的全渠道商业时代，获取精准而有利的大数据信息则必然是O2O商业的必要措施，比如精准营销、个性化优惠、人群导流、移动支付、会员及管理等效果，都需要大数据技术去实现。

一方面，商家需要利用大数据技术全面收集用户信息，跟踪用户消费的整个过程，从搜索商品、比较、下单到最终分享体验的过程中，及时与用户互动，并掌握个体用户的行为习惯及消费偏好等信息，以便给消费者提供个性化建议与服务，提升用户购物体验。另一方面，对于商家本身来说，也需要大数据技术进行实体渠道、电商渠道以及移商渠道的整合与管理，将企业的资源进行深度优化，使各个渠道不必再承担重复的功能，减少人力及资金成本，推进业务良性循环发展。

再者，从交互作用来看，全渠道模式下的O2O由于达到与用户强交流互动的效果，从而能够带来更高的用户黏度以及重复购买率，一定程度上降低了老用户流失的风险，进而达到"维系老用户、吸纳新用户"的引流效果，最大化发展用户群体。

目前，国内的O2O模式总体是围绕"营销"来进行的，比如优惠活动或发放电子券，最终目的仍然是"引流"。而事实上，商品及服务才应该是O2O的核心，最终目的是"用户体验"。因此，O2O商业深化发展的趋势必然是全渠道模式，以满足消费者立体化购物体验。

☞品牌人格化

在互联网时代，面对一个商品，消费者起初并不了解其品牌人格，企业往往需要通过广告让消费者逐渐认识到品牌人格，今天则更多的是通过社会化媒体来塑造品牌人格。

在市场营销中经常用"现实的自我"和"理想的自我"来体现这一问题的实践意义。概念现实的自我是指个人对自己的实际状况的认识，而概念理想的自我是指个人对明天的自己应当是什么样的认识或期望。不论是"现实的自我"还是"理想的自我"概念，其形成都依赖他人对自己的评价。

消费者个人非常重视他人对自己的看法，这意味着他人对个人行为包括消费行为具有很大的影响。消费者要按照"理想的自我"表现和塑造自己，就必须投入一定的成本，按照"理想的自我"进行消费并不等于"理想的自我"转化为"现实的自我"。消费行为仅仅是按照"理想的自我"的观念进行消费而已，使自己的行为和形象符合理想社会角色的形象。个人按照"理想的自我"进行消费的行为并不能真正塑造一个自我角色，而是在塑造"理想的自我"的形象，从而获得精神满足。

对于具有象征性意义的品牌，消费者主要通过比较其真实价值和自我感觉到的价值来衡量，消费者在决定是否购买时，除了品牌的真实价值，更看重他们自我和人格与品牌代表的自我和人格的一致性。如 LV、GUCCI、CHANEL 等世界公认的名牌，很昂贵，能彰显使用者的身份、地位，因而受到消费者的青睐，就是这个道理。

另外，新精神分析的人格理论在品牌营销中有广泛应用。消费者认为物内（商品中）存在精神，人们会把自己投射到各种商品中，实际上购买和使用的产品或服务是自己人格的延伸。譬如，貂皮大衣是社会地位的象征，红茶是女性、懦弱、少女的象征，树木是生命的象征等。这些研究对于广告设计、产品外观与包装的设计都具有重要的意义。

正是因为消费者与品牌人格之间存在联系，他们在选购商品时，不仅以质量优劣、价格高低、实用性能强弱为依据，而且把品牌人格是否符合其特点作为重要的选择标准，当消费者能从商品即品牌中找到与自我、人格相一致之处，消费者就会更倾向于购买该商品，即商品可以帮助塑造消费者自我、人格。

关于实现品牌消费人格化，经营者普遍存在以下问题：

一是对消费者需求缺乏了解，没有清晰的品牌发展战略。如今，"80后"、"90后"消费者为品牌消费主体，经营者对此了解不多，造成企业的品牌定位与核心能力相脱节，不能基于自身核心能力规划品牌定位和差异化品牌策略。

二是品牌价值有效提升的思路与方法不明确，很难走出同质化竞争误区。由于缺乏对消费者的分析，同质化竞争就会长期存在，这是造成目前中国市场许多相近产品供过于求情况的重要原因之一。

三是品牌管理模式尚未形成，盲目效仿与跟随西方模式。其实，最关键的问题是在互联网下社会化媒体如何进行品牌消费人格化，但这方面并没有引起经营者足够的关注。社会化媒体下品牌营销本质上是人的营销。经营者需要了解品牌消费者自我、人格、偏好等，使用社会化媒体的方法和工具达到最佳的营销效果。在社会化媒体的影响下产生了许多新的品牌营销模式，如精准广告、电子商务、网络小区、网络视频、盒子、网络电视，等等。这表明在互联网下品牌营销是一个理解消费者心理需求并不断满足心理需求的过程而不是简单的商品买卖。事实上运用社会化媒体的品牌营销对消费者影响远比传统媒体营销的影响大得多。

在市场竞争愈加激烈的今天，通过品牌人格化塑造，才会实现品牌立得稳、立得长久。没有独立人格的品牌，无论花费怎样的巨资进行推广与传播，都是不会有生命力的。

☞销售个体化

个体化销售是指直接向顾客介绍公司产品、服务，或是依照顾客的不同而采取的不同方式，根据顾客的选择，销售顾客所需要的个体化产品。这种销售方式就是互联网时代的"以用户为中心"。

例如淘宝商家，做得好点的淘宝商家大多都有付费推广，或者耗费很大的人力物力去做这件事情。由此转化产生的客户购买，大部分很难建立持久稳定的关系。完成购买是产品的正常价值（自有价值），而要想挖掘剩余价值，就必须建立关系。企业和电商个人需要做的是，把这位客户转化成自己的粉丝或者 QQ 好友，就可以依附于淘宝之外的平台比如微博、微信、QQ 等，（来完成这个过程）。客户成为粉丝和好友对于企业和电商个人而言是第一种剩余价值的体现，如果通过关系维持形成二次购买就成为第二种剩余价值体现。如果企业和电商个人利用这些粉丝和好友，做成口碑营销，就会影响到他们的朋友圈子，产生第三种剩余价值体现。

令用户成为粉丝和好友的方法很多，比如在用户交流过程中，让对方加自己为"好友"，如果有什么不懂的，或者有什么问题"可以直接联系"，这对于商家而言只是多说一句话而已，对用户而言，如果有什么不会的，还能直接请教；还可以在产品包装上宣传免费送奖品的活动。如果用户用了产品感觉很好，他会通过"关注"来赢取一份免费的奖品。这个过程方法是很多的，就看怎么落实从而形成关系。而形成关系就是企业和电商个人获取的剩余价值。对于商家而言，既没有风险，又不用太多投入。

当然还有很多行业可以挖掘剩余价值，例如餐饮的到店客户，水果店的客户购买等。采用的方式无外乎产品宣传、购买交流的过程中，售出产品的包装等。对于实体店而言，挖掘的剩余价值所能造成的产能更大，因为便于二次产能。

小结：中小企业如何重构商业模式

在移动互联网时代，虽然所有的商业模式都有可能被重构，但这里讲的重构并不一定强调要推倒重来。理论上来说，如果要颠覆一个商业模式，推倒重来会需要巨额的资金，这不是一般的中小企业可以承担的，通常都是由行业的巨头去实现，所以笔者强烈建议一般的中小企业最好是在现有的产业当中，通过"互联网＋"的理论去链接产业中的人和事，为合作者和消费者提供更加便捷的购买体验，并利用现有经销商、代理商、供应商等渠道资源通过跨区域整合、跨产业联盟来构建一个线上线下同步发展的O2O生态链。以下是笔者给中小企业重构商业模式的几点建议：

1. 尽最大的可能在现有模式上去创新，没有十足的把握不要去颠覆，融合创新做好了可能比颠覆的效果更好。

2. 在推广传播新的商业模式、新的服务、新的产品时，千万不要盲目地投钱砸广告，互联网的本质是互动，应该尽最大可能策划一些能够和目标消费者互动的活动。

3. 最好能够赋予品牌人格化的情感诉求，或者身份象征，因为过分强调产品或服务质量的商业模式很容易被巨头颠覆，唯有情感的共鸣比较容易留住忠实的用户，当然前提是产品或服务的质量有保证。

4. 依据本书第三章的内容对新的商业模式进行精准定位，对于中小企业来讲，千万不要盲目地大小通吃，应该尽可能地细分市场、细分客户，以避免和巨头的正面竞争。

第三章　布局从定位开始
——方向对了则路不会远

经营要素决定企业机会，尤其是在外部环境出现新的变化的情况下，更需要企业及时做出反应，重新定位企业。在"互联网+"时代，企业重塑融合已经成为必然选择，在这个过程中，涉及平台定位、产品定位，以及全面升级服务和建立生态系统，其中包含战略、执行、数据等不可或缺的定位要素。

重塑融合：用"互联网+"实现跨界，
用O2O实现变革

重塑融合的创新浪潮正席卷经济社会各行各业，推动"互联网+"与传统行业的横向整合与纵向重塑，以重塑融合为显著特征的"互联网+"时代已经到来。新常态下的重塑融合，需要用"互联网+"实现跨界，用O2O实现变革。

☞用"互联网＋"实现跨界

"互联网＋"战略就是利用互联网平台，利用信息通信技术，把互联网和包括传统行业在内的各行各业结合起来，在新的领域创造一种新的生态，直白地说，就是把产业内外的人和事通过"互联网＋"连接在一起，并改变现有的产业生态链，给用户带来更加便捷的购买体验。

"互联网＋"与以往仅服务于通信层面的互联网应用不同的是，企业扩张可通过四个阶段循序进行：一是跳出了互联网单一的通信连接思维，更广泛地运用互联网思维（如生态、平台、免费、跨界思维）去主动改造、改革并创新传统商业模式，成就"互联网思维＋"。二是冲破地域和空间限制，开辟商家商业营销及交易的新渠道，实现B2B（企业对企业）、B2C（企业对个人）等线上线下集成交易，成就广阔的"互联网渠道＋"。三是构筑"互联网＋综合服务"大平台，利用电商、物流、社交、广告营销等平台为买卖双方提供最大化服务，由共同的价值链组成"互联网平台（生态）＋"。四是实现从商业到物、到人、再到事的整个社会"大一统"互联状态，成就"万物互联＋"。

从技术层面看，"互联网＋"是新一代智能终端、新一代网络技术和新型服务创新的集聚融合，是立足互联网技术，实现跨界、集成创新的重要入口。随着宽带网络加速光纤化、第四代移动通信技术的快速发展，它将通信物理系统的低耗能与计算技术的高效率紧密结合起来，快速推进新一代信息网络朝综合、智能、融合等方向发展，大范围集成了移动互联、大数据、社交网络、多媒体、人工智能、新型人机交互、物联网等新型技术综合应用，从而大跨度地实现传统产业与新兴产业的协同创新、线上线下一体化的资源优化配置以及再造商业模式的经济共享。

在当前，运用"互联网＋"思维、用新的发展观抓住机遇成为企业竞争实力的重要标志。阿里巴巴以"互联网＋传统集市"的思路打造了淘宝和天猫，以"互联网＋传统银行"的模式创新了支付宝和余额宝，成为全球第二大互联网公司。同样，"互联网＋传统广告"成就了百度，"互联网＋传统社交"成就了腾讯，"互联网＋传统百货"成就了京东。这些位列全球十大互联网企业中的中国企业都是凭借"互联网＋"思维取得了竞争优势和领先地位。

☞用 O2O 实现变革

O2O 并不是什么高大上的概念，而只是一种新的消费方式和生活方式，但是它同时又是一项伟大的发明。基于消费者来说它并不高大上，消费者可以很容易地接受 O2O 模式，它没有很高的门槛，不是高高在上的高科技，而是深入民间、十分亲民。但对于商家、对于消费行为乃至对于整个新的生活方式的变革而言，它就是伟大的。它带来了全新的消费理念，带给市场新的活力，甚至正在促进整个社会生产关系的重构。

那么，在这场 O2O 盛宴下，传统企业到底该如何运用 O2O 实现变革？以下几点值得深思。

一是高度重视无线端建设。在天猫开店的企业可以注意到无线店铺在 2013 年上半年基本上可以用简单粗糙来形容，几乎谈不上建设。但到了下半年无线店铺慢慢从 PC 端分离出来，新增了多项功能。而按照阿里巴巴的规划，2014 年在无线端将会有很多新功能发布，O2O 的很多应用场景例如门店导航等都是借助于移动端去实现的。除了天猫无线店铺外，如果自身具有足够的前瞻性和资源投入，微信公共账号、自身平台的无线端建设等所有无线端的流量入口产品也都可以尝试一起打通。当然，在资源不够的情况下，又想发力移动电商，可以优先选择阿里巴巴平台。电商是阿里巴巴的核心，所有项目都是围绕电商来开展的，在这一点上，擅长于社交的腾讯微信要切入移动电商还有很长的路要走。

二是以提升用户体验为核心的O2O。千万不要为了做O2O而做O2O，如果客户本身在网络或者在门店即可轻松快捷完成全部交易行为，那么不要强制往另外一个"O端"牵引。也不要一开始就抱着要产生很多增量的心态来做O2O，否则可能希望越大失望越大。做连接，做闭环，做线上和线下的配合，给用户提供最便捷的消费解决方案才是王道。银泰与阿里巴巴O2O项目的合作核心是用户的支付体验。双方大约用了3个礼拜时间完成了系统的对接开发、测试、人员培训，实现29个银泰门店的1500个收银台支持支付宝钱包支付，这对银泰的好处在于大幅提升了用户的支付体验，减少了排队时间。

三是可以自己做O2O，并且重视微淘的应用。阿里巴巴O2O的核心战略伙伴虽然只有100家，但并不意味着其他企业无法去做O2O的落地。阿里巴巴的很多O2O商业应用场景都是开放的，并不是只针对特定商家开放，其他商家可以自己做O2O。同时，各企业应该重视微淘的推广，从店铺的页面呈现到积分政策，再到针对微淘粉丝的优惠等一系列会员管理配套政策要做出来。尽管阿里巴巴缺乏做社交电商的耐心，但在微信的紧逼下，微淘的被重视程度远远大于阿里巴巴此前的任何一款社交应用。目前微淘的呈现位置包括淘宝手机客户端以及PC端首页，在新版的来往里也有微淘的入口，它值得所有商家重视。

四是线上线下的流量通路打通。线上做营销，线下做体验，再反哺线上形成闭环，这本来应该是一个完整的通路，但现在这一通道却因为线上低价倾销、线下支付等问题被人为地堵塞了。现在传统企业做电商的普遍思路是

"反正我有这么多库存，如果不拓展电商渠道也是浪费"。因此低价倾销的结果是与经销商利益冲突不断，线上线下配合一团糟。平衡与经销商的利益冲突问题是O2O需要重点研究的课题之一。另外，线下支付以及支付金额如何在线上呈现也是一个难题。解决这两个问题是打通流量通路的关键。

互联网＋O2O，这场由互联网巨头发起的O2O豪门盛宴，在未来拥有极大的想象空间。真正有战略眼光的传统企业应该尽早布局，抓住机会，顺势而为，积极变革，实现转型升级。未来不是属于互联网里做传统行业的人，而是属于传统行业里懂互联网的人。

平台定位：从PC端到移动端，从平台到社区

电商平台发展到今天，技术和体系日趋成熟，越来越多的电商平台导致竞争加剧，市场不断被细分，精准的定位可以令企业和产品与众不同，占据消费者心智，从而建立鲜明的品牌特征，成为某个类别或某种特性的代表品牌。

从PC端到移动端，再从平台到社区，是平台定位的重要内容，也是电商平台发展的必然。

☞从PC端到移动端

经过数十年的发展，PC互联网的普及已经达到"瓶颈"，而移动终端的出现，刺激了网络渗透的步伐。从终端个人拥有量来看，目前全国手机用户已超过8亿人，超过了包括PC互联网在内的其他任何一种媒体，并且依然

呈现出高速增长的态势。尤其是随着4G的普及，移动互联网的平台价值将进一步凸显。可以预见的是，4G必将带来更好的消费体验，更加有效地激发用户需求，并改变用户的行为习惯。依托4G高速网络，高耗流行为的门槛将不断降低，一些创新的广告展现形式和技术方式，将形成互联网营销新的生长点。因此，互联网从PC端到移动端已经是现实，不是趋势，而未来移动端将承接PC端成为互联网主战场。

现实中，有不少优质的互联网企业在PC端建立了一定基础，为顺应移动互联网的大潮并在移动端继续有所发展，就直接照搬或整体平移自己的整个业务线至移动端，但往往这样带来的效果并不理想。事实上，移动端有移动端的"玩法"，平台定位于移动端，其实主要是围绕着产品这个点来考虑的，产品设计是一个关键点。想要做好移动端平台，就必须为移动端设计产品。

一是降低信噪比，切勿大而全。在移动端屏幕尺寸有限、使用时间零碎、网络环境不稳定的前提下，想要用户做到如同PC端一样的浏览深度和广度是比较困难的。所以移动端产品组织内容的时候，应该更加注意降低内容的信噪比、提高内容的可读性。比如，知乎官方在移动端推出的"知乎日报"，其实是知乎官方对于知乎站内精华内容的再整理，并且结合当下热点以及各种专题，提炼了内容、专注了功能、降低了使用门槛，使得"知乎日报"远比"知乎"来得更凶猛。

二是重视用户使用场景的重要性。相比PC端较为固定的用户使用场景，移动端的用户使用场景更加丰富多彩。所以对用户当前使用场景的判断在移动端就会显得尤为重要。以豆瓣电影和时光网为例，在PC网页上他们是影评、影讯和电影相关资料的两大媒体，在核心功能和业务上差别并不大，但在移动端他们却走了两条不同的路子。时光网直接将时光网中各种影讯、影评、电影条目等组织成几个栏目并作为他们的移动产品，而豆瓣电影却重点突出近期以及即将上映的影片，甚至连电影条目的搜索框都"藏"了起来。豆瓣这么做的意义其实很明显，他们认为用户在移动端的使用场景下更多是"查影讯"的状态，所以围绕这点出发，突出近期和即将上映的影片条目，用简单的短评和介绍帮助用户判断是否值得去看，并通过查询附近的影院和选座购票完成最后　步，从而那些非近期上映的电影、长篇的影评、各种榜单资料等就是可以忽视的。准确地判断了用户使用场景的豆瓣电影显然更胜一筹，而时光网后来也推倒从来，在新版中学习了豆瓣电影的模式。

三是妥善利用移动设备的传感器。何为"智能手机"？当你将手机旋转的时候，屏幕能跟着一起旋转过来方便你使用；当你查看地图的时候，它能告诉你当前在哪；当你打电话脸贴近的时候，它能将屏幕关闭并且不再相应触控，从而防止误操作。正因为这些各式各样的传感器，智能手机才能真正的"智能"，因而我们在做移动端产品的时候也应该妥善利用这些传感器。例如，陌陌查看附近的人（GPS），啪啪的语音图片（麦克风），微信的扫描二维码（摄像头），等等，妥善利用这些为移动而生的功能，才能更好地抓住移动用户的核心价值。

☞从平台到社区

电商平台的功能是服务，给消费者创造便捷的条件，诸如商品浏览、加入购物车、下单购买、订单支付、物流配送、售后维权等。因此，社区电商平台的建立是必然趋势。事实上，伴随着我国"互联网＋"战略的实施，社区电商平台日益增多，社区电子商务也在朝规模化和产业化的方向发展。下面我们看一个例子。

小红书购物笔记2013年底上线，经过一年积累，于2014年底上线电商平台"福利社",开始探索新一代的社区电商模式,即由用户行为数据决定卖家的商品选择。短短几个月时间,在没有投入任何广告的情况下,小红书福利社销售额已超过 2 亿元。

前期通过海外购物分享社区,小红书吸引了一批喜欢海外购物的重度用户,他们在社区分享购物心得体验,一方面用户通过社区评论可以找到想买的东西;另一方面这些社区中的重度用户,扮演着类似"买手"的角色,帮助小红书去发现全球各种优质商品,在这些数据的基础上,小红书再引入已经被验证的各种受欢迎和高口碑的商品,直接提供给用户购买。接着,小红书还会根据用户使用习惯做商品的个性化推送。通过上述三种方式,引导用户购买行为。

从社区起家的小红书,定位新一代社区电商。在小红书看来,新一代的消费者在购物的时候并不是要找最便宜的,而是不知道想买什么。小红书的定位是将社区放在第一位,电商放在第二位。电商方面,小红书的做法是跟海外品牌商或大型经销商建立直接的联系,实现海外直采,并在国内保税区仓库进行备货,从而保证真品和发货速度。就在 2015 年 6 月底,小红书宣布发力日本市场,与日本最大的美容综合网站@ Cosme、日本最大的药妆店集团麒麟堂及松下电器达成战略合作。

小红书是成功定位的一个典型,其内容分享(社区资讯)的玩家,以内容引导消费,实现自然转化,优势在于天然海外品牌培育基地,流量带到福利社转化为交易,但长远还是需要有强大的供应链能力。小红书作为社区电商平台,它的定位提示我们定位时需要考虑以下几个因素。

第一,社区电商平台首先应该是 C2C 商城,而不是 B2C 店铺。其原因有五个方面(如表 3 - 1 所示)。

表 3-1 社区电商平台的成因

序号	内容
1	社区的核心工作是内容和用户管理,如果采用 B2C 的形式以商家身份出现,不仅需要投入过多精力操作商务,而且要承担过多的经营风险,一旦商业方面出现问题将会影响社区用户对社区的信任。而 C2C 主要经营的是环境和平台,社区是站在买方与卖方中间的一个服务角色,涉及的环节和风险比 B2C 要少
2	B2C 无法满足社区用户的完整需求。B2C 店铺形式,无论是从可提供的商品范围,还是从规模经济上来说,都无法覆盖用户的完整需求,也就无法确保最大限度地挖掘用户的商业潜力;而 C2C 可以吸引各类商家入驻提供服务,通过商家的努力,来满足用户完整的需求,实现用户价值最大化
3	B2C 的用户体验不丰富。B2C 模式缺乏比价环境,许多常规的销售方式,如团购、拍卖等在用户无法进行价格比较的情况下,无法有效开展
4	社区广告位资源无法最大化。在缺乏竞争的情况下,广告位只能免费服务于 B2C 店铺,而无法评估和体现其应有价值。而在 C2C 商家的竞争环境下,社区广告位的最大价值可以得到体现
5	B2C 的拓展潜力有限,不利于社区未来商业化规模的拓展。特别是一些有明显地域性的产品和服务,与社区高度相关,但却是社区自身无法提供的

第二,社区电商平台应该是经营范围有限的特色商城,而非类似淘宝的综合性商城。虽然 C2C 模式可以最大化地挖掘用户的商业潜力,但每个社区都有其主题,其对象主要是社区用户。商城所经营的范围也应围绕社区相关主题来开展,即主题关联最大化。否则,不仅会冲淡社区的主题,而且会浪费许多重要的资源和精力。

第三,社区电商平台能最小化商城的基础经营工作量。通常的 C2C 模式,每个社区都必须在基础运营层面投入大量的工作,如商家的管理(招商、培训、支持和服务等)、交易安全、商城的目录和属性体系维护等,这些会占用社区的宝贵资源。必须减少这部分工作,才能集中资源和精力投向销售的环节。

第四，社区电商平台能与社区产生有效互动。这也是社区主题商城的重要特点，有效的商业互动，才能实现真正的社区化营销。

产品定位：提炼用户关键痛点，作用于产品设计

产品定位的关键在于，不增加非必要的功能，找寻出用户真正的痛点所在，思考如何才能留住客户；然后应用已有知识，努力设计打造出一款真正符合用户体验的产品。简言之，就是要注重提炼用户关键痛点，作用于产品设计上面。

☞提炼用户痛点

痛点是互联网产品获得成功的必要条件，成功的互联网产品，无不都是满足了用户的一个或者多个痛点。寻找用户的痛点，是在做产品的时候考虑的首要问题。可见"痛点"是个好东西，但大家真的了解"痛点"吗？其实，痛点的本质是用户的刚性需求，是那些未被满足的刚性需求。而投资人为什么喜欢问这句话？是因为他们想要创业者想清楚：自己能给用户带来什么价值，能满足用户哪些最强烈的刚性需求。

未被满足的、最强烈的需求，由以下四个点切入。

一是有没有。未被满足的需求，是同行业目前没有人解决的，但是用户依然非常需要解决的问题。这就是所谓的"蓝海"，然而并不是每个人都能发现"蓝海"，也不是每一个"蓝海"都是真的"蓝海"。

二是更便宜。能不能把满足用户需求的成本压低，能不能提供更便宜的

产品和服务，甚至，能不能提供免费的产品？

三是更快。能不能把满足用户需求的效率提高？提高效率意味着为客户节省时间，提升用户体验；提高效率也意味着单位时间生产的产品更多，降低了成本。另外，用户最讨厌的是复杂。互联网用户体验三要诀：别让我想、别让我等、别让我烦。排名第一的，就是别让我想，人们讨厌学习，讨厌复杂的东西（当然，极客、发烧友除外）。

四是更好。能不能把满足用户需求的品质提高？说白了，就是能不能大幅度提高产品的用户体验？

周鸿祎在其书《我的互联网方法论》中提到类似的观点，创业，就一定是创新，而创新，要么发明一个东西，要么把贵的东西变便宜，要么把复杂的东西变简单，互联网产品给客户带来的价值无非如此。这也就是刘强东说的："这是我们永远不变的一个框架，我们做的所有的投资，我们发展的一切都围绕着三点，要么降低成本，要么提高效率，要么提高用户体验，如果跟这三个没关系的，我们坚决不做。"

举例来说，最初人们玩网游的时候，需要边打游戏边和队友聊天，但打字又很麻烦，常常会因为打字让游戏人物丢了性命、打怪失败，游戏玩家就产生了这个需求——如何一边打游戏一边沟通。此时，一个叫"YY"的软件出现并解决了这个问题。其实，和队友沟通的需求一直都有，可是用语音代替了打字，既提高了效率，又改良了体验。

当然，更有"大神"企业，就像360。他们发现了人们对杀毒软件的需求，同时，也发现了人们对免费的需求更强烈，于是，他们以免费使用杀毒软件的模式切入，一下击中用户两个刚需，自然会风行开来。其实，用户有使用杀毒软件的需求，这个不难发现，可是，甚至用户自己都从没有想过杀毒软件可以免费使用。然而周鸿祎知道，"免费使用是所有人的潜在刚需"，于是360把这点做绝了，一招制敌，名扬天下。

综观几种发现刚需的关键点，都在于需求满足的数量、效率和品质。从幸福经济学的角度看，人性一直在追求的是：在有限的时间内，获得尽可能多的、尽可能好的需求满足体验。换句话说，人总是在有限的生命里追求最多的幸福体验。

想通了这一点，产品的逻辑就通了，一个企业的价值感和意义感便也由此而生发出来了。

☞和用户一起开发产品

你的产品满足了用户哪些需求，用户用起来会不会很舒服？这一点不能想当然，很多投入巨大的产品为何最终失败，就是因为在确认痛点时没有通过小规模尝试来控制风险，或者尝试时耗费成本和多走弯路。某婚恋网站从最初定位于免费转变到定位于极简的教训恰恰印证了这一点，表面来看，婚恋网站的强制收费似乎是用户的痛点，其实不然，一个免费的征婚交友网站，未必能成功。这也就是说，即使你觉得找到了用户的痛点，还要看你的产品是不是真的能让用户感到舒服？而不是想象用户会很舒服。

但是，产品没有推出，怎么去尝试呢？这里有一种方式：首先，根据这个痛点做产品概念图，并根据概念图搭建出产品的基本框架，规划出产品的各个功能模块。其次，针对每个功能模块设计产品交互。如果功能模块很多，那可能还需要进行版本划分，按照优先级将功能模块划分为几个等级，之后不断迭代。最后，在版本升级过程中观察用户的反馈和数据，如果数据不理想则须进行调整。

注意，这个过程里的功能模块是最基本的，不能再做减法的功能模块，在最短的时间内上线这个最基本的产品原型，上线后观察用户的反馈和数据，如果这个点不能让用户感到舒服，那么就立即改变产品设计的方向。

举个例子，人们都有喝水的生理需求，经过调查，用户对甜水普遍有好感，这个甜水就是用户的痛点。找到了用户的痛点后就要开始生产水了。一种方式是规划好生产的数量，每瓶水的含糖量，每瓶水的体积、大小、定价、销售渠道等内容后，开始大批量生产，生产之后进行大批量销售；另一种方式是生产一小批甜水、一小批无糖水、一小批咸水等，之后进行销售，根据销售业绩来决定生产方向。

两种方式的结果怎样呢？在销售过程中发现，其实用户对甜水并不买账，他们可能只是平时喝点，但是喝得最多的还是无糖水。结果可想而知，第一种方式肯定亏大了。

当我们在找到用户痛点的时候，不要急着去做大的产品规划，而是要针对这个痛点建立最小的产品形态，判断这个是不是真正的用户痛点，我们的产品是不是真正满足了用户的这个痛点，用最小的代价去做个实验，这才是明智的选择。

上面的第二种方式实际上是一种产品设计理念的体现：和你的用户一起开发产品。产品是给用户使用的，产品又是我们自己设计的，除非企业非常了解用户的需求并能从这些需求中找到真正的突破点，否则产品是很难成功的。所以我们提倡，和用户一起开发产品。

如何一起开发呢？在最短的时间内上线一个产品形态，看用户买不买账，如果不买账，立即转化思路，进行另外一个痛点的实验。例如，国内某皮鞋批发商，专门去各个皮鞋批发地拍摄各式各样的皮鞋相片，然后通过邮件等方式发给朋友、网友等，看看哪种皮鞋需求量最大。等有人想购买皮鞋时，这个批发商再去批发地购买，并邮寄给终端用户。

不打无准备之仗。我们在设计产品的时候应该知道，寻找和确认用户痛点非常关键，在着手做之前，应该要清楚这个产品成功的概率如何，用户是不是喜欢。最后在有一定把握的时候再开始动工，这样的成功概率相对就要大得多了。

升级服务：从线下到线上，从运营到售后

任何一个服务行业的组织都应该注重一个东西，这个东西就是满意度。满意度表明顾客对于自己所提供的服务是否足够满意，而满意度的提升有利于服务的升级。O2O的服务升级，则体现在从线下到线上，从运营到售后。

☞从线下到线上

O2O的精髓是全面改善用户体验，线上和线下相结合，线上互动增加用户黏性，带动线下销售。O2O的这种基因，可以用来打造从线下到线上的一站式服务，从而使服务升级。

以传统门店中的专营店为例，专营店的产品特点是产品的利润比较好，单件产品的价格高，客户选择比较慎重，大多为一次购买，属于中高档商品。这就带来一个问题，因为品类单一，专营店无法提供一站式的服务，客户在这家采购了商品，还要去别家继续采购，单个的专营店只是客户的一个过客，价格昂贵的商品可能客户只需要消费一次，没有重复购买的需求。所以，单一产品专营店要想提升营业额，进行O2O改造，就必须根据客户特点扩充自己的产品线，打造一站式服务。

举个例子，有一家儿童推车的专营店想做O2O改造。该专营店走的是高

端路线，卖的是美国的高端儿童推车。笔者建议商家，不要只卖儿童推车一种商品，产品要多元化。一个小孩一辈子只需要买一次儿童推车，为这一次购买，又做线上又做线下的话是不值得的。但是产品多元化，又不是漫无目的的多元化，要根据客户的属性量身定做。这个店的用户定位还是挺清晰的：消费能力强、刚有宝宝不久的父母。这是一个非常好的客户群体，有愿意买进口推车的经济实力，也有最好的销售对象——孩子。商家需要知道这些父母的需求是什么，比如小孩尿布，小孩的衣服，汽车安全座椅等。凡是小孩用的，争取都卖。就要有一种想法，我的客户来我这，就不用去别的地了。有了这个定位之后，再进行O2O改造，形成自己的服务品牌，建立用户和商户之间的强联系，引导用户的N次购买。

那么，单店如何进行O2O的改造呢？就是打造一个闭环O2O。具体方式是，线上进行客户关系的维系、客户消费意识的培养、口碑传播、客户聚集。线下重视用户体验、销售购买、现场服务。线上运营的方式申请一个最简单的服务号即可。因为微信公众号的成本是最低的。拉进5个微信粉丝的成本相当于一个APP下载的成本。最重要的是，现在微信功能已经很强大了，APP能做的事，微信基本都能做。而且微信的开发成本比APP小得太多了。还有关键的一点，微信公众号比APP易于传播，容易带来口碑效应。从线上运营来讲，笔者认为线上应该重口碑传播、老客户服务，配合少量的品牌宣传。我们知道，服务号的强项在于互动，互动解决了和老客户的沟通问题，这也是微信服务号的定位。这种定位决定了这个服务号的粉丝不求多但求精，品牌宣传只是次要角色。通过良好的服务做出口碑，通过线上的方式传播口碑的效率是最高的，让良好的口碑传达到最佳的目标客户群体，比如老用户的朋友。只要产品和服务确实能够打动用户，用户肯定会向他的朋友推荐的，做生意的都知道，朋友推荐的产品信任度是最高的。这样就能形成从客户到潜在客户的良好口碑传播。相信只要持之以恒,服务号的粉丝数会不断扩大的。

对于到店的顾客,不管其是否购买产品,都要促使其关注微信号,这样商家和这个潜在用户的联系就不会断。在微信后台记录新增的微信用户的大概情况,孩子的年龄、性别,通过进店时交谈了解的家庭情况、经济情况。没有这些种子用户,就没法做传播,更没法搞二次营销。这是典型的把线下人群拉到线上的行为,辛苦是辛苦,但是至少能够能和这些有需求的人发生线上的关系,为以后的销售做铺垫。

对于那些当时已经产生购买的进店顾客,如果能够引导其关注微信号,也可以为其发送关于其他产品优势的文章,或者具有互动性的内容,还可以定期为目标用户进行提醒。这时候对用户进行分类就发挥作用了,尽量精准的投递信息,不要让用户感到厌烦。让用户觉得这些信息是雪中送炭,提升自己服务品牌的品牌价值。要让用户记住的不是自己推车的品牌,而是购买推车的地方。

从以上信息可以看出单店O2O的打造之法:一是将非一站式产品转化为一站式服务,打造服务品牌。尽量满足客户的需求,增加客户购买的边际效应,以核心产品带动非核心产品销售。二是把客户从线下拉到线上,线上维系客户,让其产生持续购买意愿。三是扩大线上用户规模,以用户带用户,形成口碑效应。四是将线上的用户拉到线下,提高销售额,形成滚雪球效应。

这种"线上平台 + 线下渠道"相结合的形式是未来的趋势,未来几年将是传统行业转型升级的关键时期,只有更好利用互联网,去伪存真,扬长避短,积极拥抱变化,才能尽快用先进的互联网武装自我,找到线上和线下的平衡点,以O2O思维努力打造企业未来的核心竞争力。

☞从运营到售后

移动互联网时代，客户需要更开放、智能、主动的服务，这不仅是对客服技能水平的挑战，也对后台客服支撑能力提出更高的要求。基于多渠道客服的集约化运营，把以往分布在不同系统中常用的、固化的功能整合到前台操作界面，可以实现多渠道客服的协同与一体化运营，做到客户在哪里，服务就延伸到哪里。用户通过"任一方式"接触客服代表，都能方便获取所需服务，并能在接受服务过程中选择其他方式进行协同。集约化运营可以为客户带来"服务方式自由选"的便利，从而提升服务效率。

售后服务在当前的网购流程中受到较多诟病，退货难、退货慢，是消费者抱怨最多，也是电商业发展遇到的新难题。在这方面，京东商城售后服务全面升级，是个值得参照的范例。京东新升级的售后服务流程，用户在提交退货、换货或维修的"申请环节"，信息阅读量下降了69%，申请一次售后服务平均用时只需12～20秒；在信息"查询环节"，速度提升超过25%，每次查询都可节省5～10秒。用户在京东商城官网申请售后服务，填写信息由之前的13项减少为现在的3项，其他超过7项的信息由系统自动获取，无须手工录入，最大限度地缩减用户操作时间、提升用户体验。京东更新后的售后页面，还新增"进度跟踪"、"退款明细"等服务状态的查询，帮助用户时刻了解服务过程的最新进度。京东售后服务的升级让商品退货、换货的过程更加透明化，缩短退货时间，在保证用户利益的同时，也让用户享受到购物无忧的愉悦体验。

建立生态系统：决胜商业价值的
不是企业本身，而是生态系统

与自然生态系统中的物种一样，企业生态系统中的每一家企业最终都要与整个企业生态系统共命运。决胜商业价值的不是企业本身，而是生态系统。因此，在制定企业战略时，不能只着眼于企业本身，还应从全局考虑，了解整个生态系统的健康状况，以及企业在系统中扮演的角色。

其实在阿里巴巴 IPO（Initial Public Offerings，首次公开募股）过程中，很多美国投资者对其并不熟悉，而马云讲述的商业模式美国人并不能马上明白。马云在致投资者的一封公开信中，24 次提到一个关键词——生态系统。阿里巴巴不仅是一个电子商务网站，而是一个生态平台：商家、消费者、物流快递、支付公司、银行、保险、ISV 服务商、淘女郎、云计算体系、媒体、广告公司，事实上，阿里巴巴旗下拥有众多业务，并且还有众多的"触角"，很多业务都不在上市之列。上市业务包括的是 Aliexpress、聚划算、天猫、1688.com、淘宝网、Alibaba.com，这是阿里巴巴提供的产品与服务形态。

其实从马云的介绍和阿里巴巴的业务层面来看，阿里巴巴的生态系统体现在行业的纵深而非广度上，尽管阿里巴巴收购或者投资了大大小小的企业，但是归结到商业本源依然是在同一棵大树上开枝散叶，而非另起炉灶，再造一棵大树。大树要想生存得更久，并不能依靠传播更多种子，而在于扎根更深，枝叶更繁茂。阿里巴巴构建的庞大的生态系统，让其可以带动多个产业的协同，并且可以吸引更多的公司加入到链条中，从而构筑出一条巨大的

"护城河"。这和谷歌的战略有相似之处。谷歌所有的创新都是围绕其搜索业务的，但是在修"护城河"的过程中，却发现了围绕核心商业模式之外的新的可能，例如阿里巴巴旗下的支付宝，本来只是一个买卖双方诚信保障的支付工具，最终却成为金融服务的代表。

阿里巴巴的生态系统给企业带来的启示是：在做主营业务的时候，企业需要思考的是如何在核心树干上，长出更多的树枝，从而变成一个丛林？要成长为大公司，没有生态系统的支撑几乎是不可能的——例如，苹果有生态系统，微软也有生态系统。

"生态系统"这个概念是有明确定义的，其中一种解释是，"生态系统指在自然界的一定的空间内，生物与环境构成的统一整体，在这个统一整体中，生物与环境之间相互影响、相互制约，不断演变，并在一定时期内处于相对稳定的动态平衡状态"。

通过这样一个概念，我们可以关注到若干关键要素：一是"环境"，脱离环境谈生态显然是孤立、片面的，这样的企业是活在真空里的；二是"影响"、"制约"，即企业和环境之间是一种互动关系，而不是单向；三是"演变"，生态系统也是动态变化的，也具有一定的发展轨迹，这就要求企业看问题有动态的眼光；四是"平衡"，相对稳定的系统，一定都是几种力量之间的相对势均，无论哪方力量的平衡被打破，系统都会进入到下一个平衡阶段。

所谓的"生态型企业"，一定具备在生态系统中存活并发展壮大的能力。打造企业外部生态系统，需要遵循以下五项原则。

☞原则一：分析企业在行业价值链中所处的位置，判断自己的竞争优势

生态系统里的食物链是"大鱼吃小鱼，小鱼吃虾米"，周而复始。现实中的食物链要复杂得多，大鱼吃的小鱼往往有很多种，而小鱼也不仅仅可以吃虾米。每一个物种，在生态中都有自己的食物来源，也有自己的天敌。

从企业的角度看，食物链可以推演为企业所处的供应链和价值链，也就是我们通常讲的上游、中游和下游。上下游之间不能简单理解成剥削与被剥削的关系，不是越往上游就越有利可图。价值链的控制者并没有固定位置，往往随着环境和企业自身的发展而变化。如我们熟知的家电行业，从制作商主导，到渠道商主导，再到核心面板原料商主导，并没有定势。如波特五力模型讲到的，对供应商（上游）的议价能力、对客户（下游）的议价能力、现有竞争者和潜在进入者，这些都影响了企业的竞争地位。

☞原则二：基于企业自身的资源和能力，选择合适的目标市场，确立精准的市场定位

自然界的水体，存在河流、湖泊、海洋等各种形态，这构成了以水为载体的多样化生态系统。一般情况下，河流上游水的流速较快，下游水的流速较慢。缓流与急流相比，含氧量较少，但是营养物质要丰富得多，因此，缓流中的动植物种类也较多。除了水速，还有一个很重要的维度，就是水层。我们知道中国有四大家鱼，青、草、鲢、鳙就是生活在不同水层的。青鱼栖息于水底，以水底的螺丝等动物为食；草鱼栖息于水体边缘，主要以各种青草为食；鲢鱼栖息于水体浅层，以浮游植物为食；鳙鱼栖息于水体中下层，

以浮游动物为食。

对于企业而言，往往需要做出判断，究竟应该如何选择目标市场，如何定位自己的产品。这往往是企业基于自身资源和能力的一种判断。如对汽车企业而言，本地市场还是全国市场，国内市场还是海外市场，一直都是选择的诱惑。又如手机企业，高端如 iPhone，中端如小米，低端如种种品牌，都有自己的生存空间，但每种定位能辐射的消费者和面临的竞争是很不一样的。正如很多人所说，企业经营是一种选择的艺术。

☞原则三：分析行业的产业集群特点，从集群中挖掘潜在价值

集群生活是动物的一种重要的生活方式，集群生活可以使个体动物的觅食、繁殖，特别是防御天敌的能力大大地提高。非洲大草原上生活着大量的集群食草动物——角马，每年的干旱季节，角马都会上演一幕浩浩荡荡的大迁徙，穿越马拉河，寻找新的草原。在迁徙过程中它们要面临狮子、猎豹的捕杀。角马的种群数量通过这种迁徙得到平衡。动物集群的故事我们可能还听到过很多，如狼群、雁群、蚁群、猕猴群、蜂群，等等。

对于企业来说，集群是一种主动构建生态的非常重要的措施。当群体建立起来时，企业就不再是单打独斗，而且更重要的是实现了倍增的聚合效应。互联网界的 Andriod 市场和 Appstore，就是两个最重要的开发者集群，通过这种规模效应，形成了行业的游戏规则，并促进了行业的良性发展。另一个经典的产业集群案例，是汽车企业与零配件的产业集群，在日本（如丰田汽车），这种共生发展关系持续了超过几十年的时间。在我国，江浙地区的服装产业已经形成了从原材料、配饰到制衣全产业链的集群，形成了很多有特色的服装产业园。从集群的意义上讲，shoppingmall 也可以看成是商业、服务业领域的集群行为，通过人气的聚集，实现了多业态的发展。在竞争日益激

烈的环境下，单打独斗的策略越来越难见效。借势，特别是借产业集群的势，是非常重要的一种战略选择。企业可以参与其中，甚至可以凭实力发起这样的集群。这是企业适应甚至改造生态的一条出路。

☞原则四：找到能与企业发展形成互补关系的伙伴，不断推动共赢

非洲有一种鸟，叫"燕千鸟"，是一种体型非常小的鸟，但是它却和体型庞大的鳄鱼是"亲密的伙伴"，原因在于燕千鸟能给鳄鱼进行口腔卫生工作。原来鳄鱼一吃东西，牙缝里就嵌进了肉屑残质，慢慢地腐败生蛆。燕千鸟在鳄鱼稀稀落落的牙齿中间走来走去，剔牙齿、捉蛆虫，侍候得鳄鱼舒舒服服。同时，它自己也饱餐了一顿。有时，鳄鱼睡着了，燕千鸟就到它的嘴边，用翅膀拍打几下，鳄鱼竟自动张开大嘴，让小鸟飞进嘴去。燕千鸟还在鳄鱼栖居地垒窝筑巢、生儿育女，好像在为鳄鱼站岗、放哨。只要周围稍有动静，燕千鸟就会警觉地一哄而散。这样就使鳄鱼猛醒过来，做好准备，迎击来敌。除了燕千鸟和鳄鱼，寄居蟹和刺胞动物等故事，都是类似的合作共赢关系。

对于企业来说，能在价值链外找到和自己形成共赢互补关系的伙伴，是非常重要的工作。我们都知道宝洁在研发上的成果，有半数以上来自全球各地的研发爱好者为宝洁提供了源源不断的创意来源。现在很多企业倡导"产—学—研"结合的模式，这背后其实就是共生共赢的思考逻辑。还有一点值得一提，那就是企业与咨询公司的关系。一方获得了方法论指导，另一方了解了业界最新的实践，这是典型的共生共赢。很多欧美的500强企业，都有自己长期稳定的合作智囊机构，这是非常有道理的。

☞原则五：发挥企业的主动性和创造性，在技术、市场、模式等多方面寻找并打造"蓝海"

　　能源的故事，我们每个人都能说出来很多。从煤出现的那天开始，我们就担心煤用尽的那一天。后天我们发现了石油、天然气，又开始担心石油、天然气用尽的那一天。之前有过全球石油资源会在40年耗尽的报道。可实际呢，随着技术的发展，我们每年都会发现很多新的可探明储量。而且，我们现在还有了页岩气、太阳能、核能。这么说，并不代表笔者不担心能源问题，只是希望提醒读者，生态，包括其中的能源，永远都要用动态的、发现的眼光来看。

　　对于企业来说，我们面对的行业、市场，既是既定的，同时也是未知的。每一次经历经济低迷，我们都认为无解。可事实上，都是一轮又一轮新的经济模式带动了新一轮的发展。如工业化之于农业，服务业之于工业，互联网之于传统行业，大数据、云等之于传统互联网。我们都知道IBM最开始是做打字机的，爱立信最开始是修理电报机的，宝洁最开始只卖蜡烛和肥皂，这些伟大的企业，不光成就了自身，也影响了整个商业生态。企业之于社会的使命和意义，就在于它要推动社会的进步，不仅仅是技术上的，也往往包括市场的、模式的，甚至是意识上的。几年前，管理层都在大谈"蓝海"。"蓝海"概念的提出，不仅仅是一种概念的创新，更加代表着企业的创造性思维，其本质是一种新的经营格局。看到别人没看到的，想到别人没想到的，更重要的是，做到别人没做到的。可以说，"蓝海"的造就，是眼光和执行力的结果。企业于市场，不是被动的适应，也有主动改造的机会。

　　总之，打造企业与外部生态系统，要在既定的市场生态下进行，企业首先要适应生态，要客观认识自己的竞争优势，找准自己的生存定位；同时，企业要发挥自己的主动性，充分利用集群的亚生态优势，寻找可以长期共生共赢的合作伙伴，不断发现带动企业跨越式发展的蓝海。

小结：写给中小企业定位的建议

本章介绍企业进行"互联网＋"和O2O布局时的各个关键点，内容比较全面，但是对于中小企业来讲，这些都是必须掌握的理论知识和操作方法，在条件不是很成熟时，不一定要面面俱到，而是集中精力重点突破，有鉴于此，写给中小企业定位的建议如下：

1. 依据自身的核心优势或相对竞争优势来细分自己的客户群体，也就是说，必须先搞清楚自身能为什么样的用户解决什么样的痛点，这就是客户定位。

2. 客户定位之后再对客户群体的年龄、文化、消费习惯、消费能力、消费观念进行综合分析并进行平台定位，以此来确定自己到底是要做成平台型还是社区型。

3. 突破固有思维，大胆进行跨界、跨产业、跨区域资源整合，在现有基础上打造一个创新融合的生态链，用生态链的定位来规避所在行业巨头的正面竞争，建立自己的核心竞争优势。

4. 可以从"小而美"起步，不要盲目追求"大而全"。

第四章 "互联网＋"和O2O下的营销布局——和用户"滚"在一起

和用户"滚"在一起，首先需要找到用户的痛点，然后通过有针对性的产品设计，满足用户需求，从而消除痛点。在"互联网＋"时代，和用户"滚"在一起是O2O营销的主要方式。这个策略在O2O模式的门店端、PC端、移动端、家庭端"四端"融合中处处存在，只是内容、方式、效果不同罢了。

只做纯电商，已经过时了

所谓纯电商，就是在线下实体店买不到商品，只能在线上购买。O2O时代，纯电商必"死"，纯线下零售业必"死"。只有线上线下相互结合，才能获得生存和发展。

☞纯电商必"死"，O2O必兴

电商已经在中国发展10年以上了，破产、倒闭一直是它的关键词。依托于平台的网商，有超过80%是亏损的。就说身边很多辞职投身电商的朋友吧，最终无不是落得个血本无归。经历过电商"幸福"时光的人可能还记得，电商曾在好长一段时间内被描述为"零成本、零库存"，那时，一个点击才一毛钱，只要愿意花钱投资，就一定能赚钱，可如今，一个点击几十元到几百元，流量成了电商最昂贵的门槛。

正是在流量高昂的今天，纯电商已经没有了价格优势。但是，被"低价"培养起来的网购者仍然停留在以往的思维：网购=低价。消费者并不知道，过低的价格其实一直在吞噬着商家的利润，多少商家陷入增量不增收、赔钱赚吆喝的尴尬！但是面对被"宠坏"了的网购族，电商仍然只能迎合。于是，每到节假日（如"双十一"、"双十二"等），电商的促销战便打得硝烟四起，然而战火之下，却是集体失血。可是不打能行吗？同一件商品，消费者永远能"嗅"到更低价的商家。价格战成了电商唯一的出路，但盈利却遥遥无期。拿淘宝来说，目前大概只有3%的店铺能够盈利，其余97%都在亏损。

很多网商为了吸引客户高买低卖，但这个泡沫迟早会被戳破的。然而更可悲的是，无下限的低价还是没能满足消费者的购物需求。就说物流，消费者希望免运费且第二天就能收货，电商做得到吗？过高的配送成本最终仍要消费者埋单，顾客网购后还是需要等待好几天。其实纯电商最大的敌人还是它自己，是它那自"娘胎"里就带来的先天残疾：无法体验和试用，售后和退、换货麻烦。这也直接导致了即使是在网购盛行的今天，面对千元以上的衣服，仍然是到实体店消费的居多，试穿及闺蜜一旁点评，这些夹带着社交需求的体验，纯电商取代不了。电商确实提供了足不出户买遍全国的便捷，但这种便捷却牺牲了体验，增加了退、换货的风险和售后的难度。

现如今的消费者已经不像过去那样冲动网购了，他们慢慢回归理性，甚至在多次不成功的网购经历后，更愿意采用少而精的线下购买。所有商家都必须面对网购群体的这一变化。其实互联网大佬们老早就意识到纯电商的这些"瓶颈"了，例如，王健林说未来体验式消费和电子商务必将共荣发展，马云也表示，没有实体经济的参与，互联网就是个大泡沫。

另一个电商"大拿"京东与山西太原唐久便利店进行 O2O 试点合作。京东为什么要如此布局？因为近年来，京东的增长率已经放缓，而只有用实体店来提升用户体验，才能把平台做稳。此外，之前腾讯、百度从来不做线下，现在百度做外卖，腾讯投资大众点评。这些大佬们按捺不住的心思，是因为他们都知道了一个秘密：纯电商没有未来！纯电商必将被 O2O 干掉！O2O 模式等于"网上沟通的便捷+实体店的服务"。线下零售商本就已拥有线下服务优势，若是能利用好移动互联网和社交平台，则能在 O2O 大潮割据一席。

☞O2O 有机融合与价值挖掘

商业风云确实是瞬息万变的，现在不抓住机遇，机遇可能就白白流失了。如果说在互联网时代，电商确实是打了传统企业个措手不及，那么当前是 O2O 最好的时代，当一切的优势都指向传统企业的时候，传统企业还想继续当鸵鸟吗？

在 O2O 融合方面，目前线上和线下的优劣势十分明显：线上电商在商品的丰富性、价格、商品展示和售后方面无疑更胜一筹；而线下店商则具有线上电商无法比拟的用户对商品的体验感以及收货的及时性。店商与电商 O2O 的深度有机融合存双重壁垒，应对此予以高度重视。首先是体制、机制壁垒，除非两者进行股权融合，否则难免各自对对方存在提防，那么就难以实现深度融合；其次是业务、生态壁垒，由于两者的业务模式与生态圈层各不相同，融合之路必会出现多重障碍。实体店失败或非一朝一夕，而电商倒塌却有可能在一夕之间。

在价值挖掘方面，要找准"四维全息消费者"。即每一个人都可以分为物理人、社会人、消费人和场域人四个维度。其中，物理人包括人所具备的物理属性，如年龄、性别、职业、收入，等等；社会人包括人在社会化环境中的喜怒哀乐和即时的感受；消费人包括人在线上、线下的消费经历、轨迹与结果；而场域人则包括了人在不同的时间、气候、地域、经济环境下的综合表现。

在电商行业内有一个流传甚广的故事：某电商网站上一个活跃度很高的女性客户，常年都保持化妆品、零食等高频度消费，之后突然有一段时间不再下单。该平台经过分析该客户的年龄、消费习惯、下单周期等，开始给该客户定期推送孕期商品，成功激活消费，一年后，开始推送婴儿用品。这其实体现的就是眼下流行的新概念"四维全息消费者"。

找准"四维全息消费者"的消费者导向，已经获得世界范围学术界和主流品牌商广泛的认可，大量的研究、理论与实践围绕着消费者洞察展开，国际品牌商的营销战略和规划，更是基于此。阿里巴巴也制作了 G – Aliba 消费者行为模型，开始探索研究全息大数据营销。无论是电商还是店商，目前面临的一个共同问题，就是消费人与物理人、社会人和场域人三个维度出现断裂。在店商和电商融合的过程中，对"四维全息消费者"价值的再发现，将是彼此的最重要资产。业内专家指出，如何运用技术手段整合四维全息数据库将成为未来电商发展的重点。谁先做到关联、整合这些数据，并通过数据、模型、产品、平台形式展现及应用，那么就可能在新的全息数据时代，抢占市场先机。

"互联网＋"下的 O2O 核心标志是四端融合

O2O 一定要围绕用户、商品和场景，通过数据服务实现线上线下的融会贯通，实现由内而外的互联网化，从而满足消费者随时随地的购物需求。门店端、PC 端、移动端、家庭端是 O2O 的核心标志，对这"四端"进行融合，是"互联网＋"时代 O2O 零售模式的新尝试，也是 O2O 走向未来的必然选择。

☞门店端

助力终端门店，是 O2O 功能的关键词。O2O 模式可以让品牌零售商户的门店突破物理时空的局限，变得膨胀起来，让钢筋水泥通过鼠标键盘变得有弹性，变得性感。

针对大中城市消费者和年青一代消费者，对门店实施互联网化改造，可能是唯一能够抓取新用户的方法了。那么怎么改造呢？首先我们必须接受一个现实，在移动互联状态与人的生活习惯高度黏合时，线下线上的渠道差异，将从消费者心目中快速淡去。就如同现在，年青一代消费者对大卖场与小店铺的渠道认知，已经完全不同于他们的父母：不会刻意区分取舍，一切因时因地，怎么方便怎么来，怎么高兴怎么来。

对于一个品牌而言，现有的线上渠道和线下渠道将从分轨的销售渠道功能，转化为并轨的服务互通功能。任何一个关键触点上消费者需求得到了快速响应，其就不必再去对线上线下进行刻意区分和专业比较，因为对他来讲，在全渠道任何一个触点上起步，都是同一个终点——得到最适合他的商品，买对了，用好了。至于在哪里下单、在哪里支付、在哪里体验等，这些只是技术和商务手段。简单地讲就是：响应快速、信息透明、功能满意。

站在消费者主权和全渠道服务的角度，借助线上线下的工具改造传统门店，以下操作方向是可行的：

一是向消费者体现他的知情权和选择权得到保障。这包括消费者对商品、价格、售后保障等的基本知情权，以及对使用或应用效果、同类顾客状况、可能风险隐患等的潜在知情权。比如，家具购买者，不仅想知道自己是否买贵了，是否除了现场展示的商品还有其他的选择，商家是否送货以及用什么方法安全妥当地送货，也想知道这些家具是否真的适合自己家的风格，那些经常搬家的消费者还想知道在搬家时商家是否能够提供专业拆装等。以上所有这些，都可以通过店内及时的多媒体表现、网络分享、第一时间在线比价等方式得到实现。当然，有些东西的实施，需要解决厂家长期未决的弊政，这与互联网化改造本无关。比如建材行业长期泛滥的价格体系，黑心价、随机价。这些原先利用渠道壁垒形成的信息孤岛，即使没有电商，也早晚会面临修正。

二是向更适合消费者的销售渠道或服务方式转换。比如做功能按摩椅的商家在万达广场设置了一个小小的体验中心，可以主攻对潜在顾客的影响，完成消费者教育，可以推荐其到就近的社区店继续跟踪，可以邀约其参加网店大促销，也可以保持联络，给他发送和他同类老用户的使用感受，等等。同样，在社区店这一个触点，也可以设计好几种方式，进行这一触点上的顾客抓取或顾客转移。以此类推，包括线下向线上的转移同样适用。这一切，都基于最大化满足用户便利的角度，开放、动态、共享，在数据精准化管理（CRM等）的基础上实施。

三是挖掘顾客的长期价值。这属于一个系统庞杂的工程，一般需要 CRM

（Customer Relationship Management，客户关系管理）工具，门店与CRM的结合，往往才是最有效的。它不仅仅是一个软件，更是方法论、软件和IT能力的综合，是商业策略。具体指标包括：客户概况分析（Profiling），即分析客户的层次、风险、爱好、习惯等；客户忠诚度分析（Persistency），即分析客户对某个产品或商业机构偏好的程度、持久性、变动情况等；客户利润分析（Profitability），即分析不同客户所消费的产品的边缘利润、总利润额、净利润额等；客户性能分析（Performance），即分析不同客户所消费的产品按种类、渠道、销售地点等指标划分的销售额；客户未来分析（Prospecting），即分析客户数量、类别等情况的未来发展趋势、争取客户的手段等；客户产品分析（Product），即分析产品设计、关联性、供应链等；客户促销分析（Promotion），即分析广告、宣传等促销活动的管理。

无论怎么样，门店的升级，不可能靠简单地装上互联网设备或者做个O2O就完成，门店先自己做活了，再做O2O才有意义。

☞PC端

PC端就是接入个人电脑的接口，有的手机在接入电脑的时候会提示PC存储容量，就是提示接入个人电脑的意思。PC（Personal Computer）就是私人电脑，一般指终端、个人用户端或客户端。

21世纪是互联网发展的绝佳时期，是线上线下结合为一体的O2O模式的重要时刻。服装业广大商贸城高层领导高瞻远瞩、审时度势，整合线上线下资源，开启了移动端与PC端相结合的互联网商业模式新时代。广大商贸城的移动端与PC端是倾力打造成集新闻资讯发布、产品展示、最新新闻热点为一体的资讯平台，为顾客展现资讯发布的官网、产品展示的商城等功能的平台。让你一目了然了解服装行业动态！

☞移动端

十多年前传统的移动终仅仅是一个通信工具，而现在的移动终端却是电脑、互联网，它把人和服务之间的关系串起来，让用户可以随时通过移动终端获得互联网里面的任何消息。某种意义上来说，其实就是把这个互联网随时带在身上。

随着互联网时代的发展，现在用户的生活当中已经离不开移动终端，毫无疑问，新媒体的地位也将越发重要。移动端用户的数量日益上升，这意味着移动端用户的地位将越来越重要，谁先抓住了移动端用户的眼球，谁就在未来的市场上抢占到优势。作为O2O重要的核心标志之一，移动终端更加注重线上推广，通过微信、微博等网络平台与用户互动，与用户保持密切联系与黏性。

☞家庭端

O2O与体验经济相结合，以家庭为落脚点，更快、更灵、更近距离地接近消费人群，形成了"O2O家庭体验店"。这是O2O在家庭端方面的标志性成果。家庭体验店不同于传统的家庭小店，小店重在产品的展示和销售，而O2O则是享受从实际商品带来的便利到服务体验带来的全方位的便捷，是一个质的提升。所以家庭端的建设既要通过家庭端的娱乐设备（如电视等）将资讯传播到用户的家庭，又可以通过线下门店营造一个独特的空间氛围，给用户身临其境的感受，从而提升用户的体验，让用户更容易拿定主意下单购买，或者是让用户享受更加超值的服务，从而更好地吸引用户、留住用户。

O2O家庭体验店是对健康生活方式进行全面展示的专属空间。星巴克的定位值得我们深思，一杯咖啡并不复杂，但将这杯咖啡放在有别于家庭和工作场所的"第三空间"就不简单。消费者在这里不仅仅是喝一杯咖啡，而是在寻求一杯咖啡所带来的禅意和愉悦。事实上，星巴克成为人们休闲、读书、交友、思考、做功课和享受意大利浓香咖啡的空间。我们设想一下，今天的星巴克如果没有WiFi会怎样？找准我们的定位，用多种方式与消费者积极互动，给予消费者超出想象的价值。用健康的概念、理念、生活方式打造一个产品之外的价值链，这个价值链就是竞争力链。

电商在家庭端方面的最新动作当属苏宁。2015年7月，苏宁云商COO侯恩龙在中国互联网大会上宣布，PPTV月底将发布电视产品以及重大发展战略，以视频服务为基础，向家庭生活端全面布局。侯恩龙表示，2013年收购在线视频软件PPTV，仅是苏宁在投资战略上迈出的第一步，苏宁的真正目的是要"+商品"、"+渠道"。依托线上线下平台优势，苏宁的触角延伸到家庭端，在提供硬件产品的同时，还可以将视频内容和服务产品等软件内容一并推送给用户。这是苏宁在门店、PC端、移动端完成布局和转身后，开始大步向家庭端扩张。

事实上，苏宁的"四端"融合服务的本质，不仅仅是四个端的打通，还是一种能力，更重要的是"四端"融合代表了"互联网+"时代O2O的发展方向，这是很有意义的事情。"四端"融合是O2O的核心。苏宁从物流云、信息云和金融云三端和家庭端进行融合，把前台和后台打通才是真正的大数据、真正的O2O。

互联网+O2O营销的重点：解决用户痛点

不少创业公司在规划品牌或市场营销策略时，往往存在"头痛医头、脚痛医脚"的问题。比如在没有任何品牌定位且不知道自己现阶段的营销目标是什么的情况下，就心急火燎地开始社会化营销。事实上，在"互联网＋"时代，谁最先解决了用户痛点谁将称王称霸。

O2O营销的核心是能够有效地解决用户痛点。为此，可以从四个方面着手：选择目标市场并细分市场；用重度垂直思维和用户进行深入沟通；用价值创造竞争优势；找到精准用户，打造粉丝团。

☞选择目标市场并细分市场

这方面最有说服力的例子就是黄太吉。

在选择目标市场上，黄太吉瞄准了白领市场，把他们作为销售煎饼果子的主要目标群体。确定目标群体后，如何把自己的目标群体变为受众群体是企业要思考的首要问题。一方面，黄太吉的工作餐价格不贵，健康、美味且养生，因此它们的潜在市场和未来的发展是无法估计的；另一方面，白领作为引领潮流的一个群体，他们的主要特点是互联网贯穿于他们生活的始终，他们追求的是一种充满惊喜、创新的生活方式，而O2O的优势在于把网上和网下的优势完美结合，通过网购导购机制，把互联网与线下店面完美对接，实现互联网落地，让消费者在享受线上优惠价格的同时，享受线下贴身的服务。

在市场细分上，黄太吉从庞大的食品市场中细分市场需求，选择快餐食品市场。百胜公司管理层披露，2013年1月旗下的中国肯德基同店销售额急挫41％，必胜客同期也下跌15％，所以健康、环保的快餐食品将会成为中国市场的消费群体的新的选择。而黄太吉正是抓住了消费者的这种心理，推出了具有中国特色的快餐食品。北京城里难得一见的地道煎饼果子，现吃现炸的无矾手工油条，独门秘制的醇厚卤汁豆腐脑，现磨醇豆浆成了黄太吉的主打招牌。

☞用重度垂直思维和用户进行深入沟通

这方面最有说服力的例子就是"三个爸爸"。"三个爸爸"搭乘移动互联网顺风车，找到精准用户，建立社群，用重度垂直的思维和用户进行深入沟通，最终创造了中国第一个千万级众筹的纪录。

在强手如林的情况下，如何打造"三个爸爸"这个新品牌呢？"三个爸爸"并没有像调查公司一样去挑选一小部分人群做样板和调研，而是建了 8 个 QQ 群，把用户拉在一起，引导大家说痛点。"如果问用户有什么痛点，用户一时半会儿也答不上来，但其实他们在生活化的场景（群聊天）中对净化器的评价和期待就是痛点；也可以去论坛、贴吧看极端用户的帖子，极端用户并不是典型用户，但是可能他们一个痛点就切中了大部分用户；CEO、营销总监等都要拿出时间去做全员客服，看用户对于产品的感受，产品带给用户什么价值、有什么可以改进，虽然很耽误时间但很值得"，戴赛鹰这样分享他的经验。三个星期深入了解了 700 多个用户，"三个爸爸"就找到了家长使用净化器的 65 个痛点，这些痛点是坐在办公室想不到的，带着这些痛点去设计产品。

"三个爸爸"曾多次在朋友圈发起活动，求助于好友，请他们给予支持。戴赛鹰认为创业是前半生人脉的释放。在朋友圈形成很强的影响力需要 3 个背书：名人或者明星帮忙发声，权威人士帮你站台，熟人给你做口碑。这 3 个背书结合在一起，通过强关系的朋友影响中关系的朋友，朋友圈才可以爆发强大力量。"三个爸爸"也采取了众筹方式把自己企业的事情变成大家的事情，让用户有参与感。"三个爸爸"与某媒体、京东众筹平台等合作，也调动了所有的人脉资源，如请到江南春等大佬，又通过投资人人脉使包凡等人成了天使用户，三位创始人在众筹过程中对自己朋友圈的每个好友都发了求助信息。同时，"三个爸爸"更注重制造一些能调动大家关注度的社会事件来调动用户的参与感，如2014年央视给十大净化器品牌做了测试，得出"除甲醛几乎无效"的结论，"三个爸爸"就抓住了这个热点，把产品送到检测机构，随后就把检测的结果、专家的结论、央视的报道制作成一个病毒视频，不断去传播，给产品和品牌做了很好的背书。"三个爸爸"在众筹过程中与著名演员进行辩论——"空气净化器是不是精神产品"，这次辩论让"三个爸爸"从创业圈走向了大众，进一步提升了"三个爸爸"品牌的关注度。北京马拉松期间"三个爸爸"背着净化器上街跑步，在微博上传播，引起微博网友的吐槽；"三个爸爸"更与跟孩子健康相关的公司、机构开展跨界合作来开展公益活动。

☞用价值创造竞争优势

顾客价值优势是企业诸多竞争优势中层次最高的一个。在这方面，最有说服力的例子就是海底捞。

作为火锅行业，锅底、菜式上同质化现象严重且很难加以创新，这使得各个企业之间进行差异化竞争的难度很大，而海底捞则另辟蹊径，采取多元化的经营策略，开发多种锅底、菜式以及糕点类食品。经营品种多样化的同时，保证菜品的新鲜度及口味的独特性，使消费者可以享用多种不同品种的产品，把简单的火锅饮食丰富化；在保证消费者的基本需求之后，海底捞利用细节上的周到服务打动消费者的心，这些附加的服务使得顾客的附加价值提高。

海底捞为顾客着想，实现了差异化经营。虽然成本增加，但与此同时顾客的满意度也提高了，并由此带动了消费频率的提高，在顾客花费成本基本不变的情况下，相比其他企业创造了更多的顾客剩余价值，其得到的回报和净利润当然也在不断提高。海底捞既满足了顾客的差异化需求，又使消费者获得了受到尊重的良好体验，创造了同行业其他企业无法给予的顾客剩余价值，进而会使这部分顾客成为海底捞的忠诚顾客。在这个层面上，海底捞具有高于其他企业的顾客价值优势。

海底捞除了差异化经营和提供更周到的服务之外，还采用独特的管理机制进行人员管理。海底捞致力于提高员工满意度，采用关怀式管理策略。树立员工与企业是一体的概念，采取人性化的管理措施。而它的晋升制度也是采取内部晋升制，因此，每一位员工都全身心地投入到更好地满足顾客需求之中去，为企业的发展献计献策。这些策略的结合，使得企业投入转化为顾客价值的效率相对于同行业其他企业更高，即不仅具有顾客价值优势，更具有顾客价值提供优势效率，这更加为海底捞取得竞争优势提供了依据。

海底捞之所以如此成功，不仅是因为它在顾客差异化服务体验和自身商业价值转换之间找到了一个平衡点，更是因为它成功地实现了顾客价值优势和顾客价值提供优势效率。不过，海底捞如果只是一个平衡高手的话，它也不至于赢得这种尊敬。换句话说，如果仅仅是营销界面的创新，那么这方面的实例太多太多。海底捞最有价值的突破是管理上的，它通过人性化的管理让其员工快乐地创造这种优势，让他们发自内心地去更好地满足顾客需求。

☞找到精准用户，打造粉丝团

粉丝的巨大影响来自于粉丝对偶像的喜爱，这种喜爱甚至成为一种信仰。而不同年龄、不同地区和行业的人们，都有自己的喜好，拥有相同喜好的人们聚在一起，就构成了一个个粉丝团，如果粉丝团的规模很大，那么它的影响也将不可估量，所以在互联网时代，O2O营销应该重点关注粉丝经济模式。

相比于电视、报纸、零售终端，O2O式的互联网平台可以为品牌商家和消费者提供更有效、更有针对性的沟通方式，俱乐部、粉丝团、社区论坛等各种形式的平台为O2O营销提供了低成本、即时沟通、不限空间地域的营销渠道。

在传统营销模式下，媒体广告、促销活动、新品开发、深度分销缺一不可，每个环节都需要投入大量的资本，在各环节上大力"烧钱"才能顺利推动企业的发展。而O2O营销的主要方式是互动营销和体验营销。如何利用消费者的体验和互动，形成良好的口碑，让品牌通过消费者之间的口口传播，从而触达更广阔的消费人群，这是O2O营销的首要议题。这种营销方式下，做得好会使品牌深入人心、处处逢缘，做得不好，则可能人人唾弃、步步危机。所以，O2O营销中的粉丝营销更需要找到精准用户，打造粉丝团。

小结：任何时候都必须和
用户"滚"在一起

不管在什么年代，什么行业，一个企业要想发展就必须对客户足够了解，这样才能满足客户的需求，或者是超越客户的期望，说白了，就是任何时候都必须要和用户"滚"在一起，本章所讲的营销布局基本上大小企业都是通用的，那么相对于一般的中小企业，笔者再补充几点，小企业到底如何才能"滚"在一起呢？

1. 单纯做电商已经很难和用户"滚"在一起了，一定要在线下为用户提供良好的购买体验和放心的售后服务，并通过客户的体验和需要的售后服务获得信息进行必要的不足之处的改善，以及优势之处的升华。

2. 通过异业联盟带给用户一些惊喜，提升用户的忠诚度。比如，一个卖化妆品的企业把做美容、美发的企业整合进来进行异业联盟，用户到化妆品店消费时可以获得美容店、美发店的优惠卡或代金券，用户到美容店、美发店消费时又可以获得化妆品的优惠卡或代金券，这样不仅给用户带来惊喜，还能给合作伙伴带来新的客源，是一个"双赢"乃至多赢的好事。

3. 针对用户群体最在意的人和事，利用社交平台发起一些互动活动来推广自己的品牌。比如，一个做红木家具的企业，邀请老客户带自己的小孩一起参加沙画培训和比赛，然后通过微信平台拉选票，家长为了鼓励自己的小孩，则利用一切可以利用的资源，拼命地邀请朋友为自己的小孩投票，结果是客户很开心，企业又引入了很多新的客户，同时也提高了企业的知名度和美誉度。

4. 重点发力移动端和门店端，把门店端和移动端打通链接，形成线上线下相互支撑和同步发展。

第五章 传播途径布局——适合自己的才是最好的

营销传播首先要明确企业的目的，其次是明确宣传所针对的具体的目标人群，最后则是明确营销传播的宣传方式。本章对现实中可以采取的方式进行论述：硬广告"有强人接受"之殇；互联网时代真假隐瞒不了；关系信任度是未来营销的重点；网站优化，打造优质信息传播路径；建立自媒体，为自己代言。

硬广告之殇

硬广告，是相对于软广告而言的，它是指直接介绍商品、服务内容的传统形式的广告，通过报刊、广告牌、电台和电视台等进行宣传，有点强人接受的感觉。其优点是传播速度快，缺点是渗透力弱，面临的挑战在于费用昂贵从而限制了很多企业。尤其是在移动互联网时代，40%的年轻人已经不看电视、20%的人每天看电视的时间低于1小时，很多人整天都是拿着一个智能手机，爱不释手，如果企业依旧单纯地用资金砸硬广告，那就有可能会得不偿失。

☞硬广告之殇

在广告传播上，硬广告是很多广告主和广告代理公司的伤痛。这种伤痛的造成，我们大多都把责任归咎于硬广告自身，认为其作用已经降到了最低点。随着内容传播的兴盛，这种趋势大有扩散之势。

比如，海尔品牌就明确了对硬广告的抛弃。海尔在2014年初调整战略，停止了杂志硬广告业务单向传播行为的投放，转向多对多的即时交互，"海尔最美粉丝"评选全部由用户通过网络主动推荐、提名和评选。这极大地减少了企业的运营推广费用，同时用户的参与真正让用户感受到乐趣，企业的这种行为让用户感受到被重视，表达了对用户的情感关怀。

再如，小米几乎不投硬广告，把全部的精力放在SNS的运营上，企图以小米社区、贴吧、QQ空间来完成圈粉，基于社群关系（社区、贴吧、空间）管理及粉丝维护，培养千万忠诚粉丝，这批粉丝将成为小米开疆拓土延伸产品线的法宝，赢在用户而不是赢在产品。

又如，2014年年初到4月，在论坛社区看到最多的是京东的广告，但京东投放的不是标语式的硬广告，而是基于受众的RTB购买。RTB是"Real-Time Bidding"的缩写，意思就是"实时竞价"，即在每个广告展示曝光的基础上进行实时竞价的新兴广告类型。这样有两大好处：一是成本低。作为一种RTB的新形式，需求方平台有众多广告主，但这种竞价费用仍然比媒体网站硬广告曝光少很多，平台展现不收费，只有产生点击行为才扣费。二是投放精准。搜索引擎竞价、DSP是一种智能化的人群定向广告，基于目标受众的精确分类，智能匹配广告。其本质是人群购买，也就是说，由自身决定可以让什么样的人看到我的广告。让正确的人看到适时的广告，这比硬性展示更尤胜一筹。

最终我们要得到的是用户，而从现实情况来看，单纯追求展现的硬广告已经没有多大价值了。但除了硬广告外，留给我们的软性广告并不多，仅有的一些优质资源价格昂贵，根本就没有多大的机会。其实除了冠名外，特约权益如果没有硬广告的配合，其价值含量并不大，除非在植入上节目组能给予最大的让步。通常情况下，节目最大化的植入都只发生在冠名商身上，只有在冠名品牌对植入根本就没兴趣或者非专业的情况下，特约品牌才可以占得一丝机会。所以，完全靠内容传播来支撑品牌知名度的提升，在当下，对于大多数品牌都是不合适的，确切地讲，它们还需要硬广告来推动。当然，硬广告的投放，在未来的广告传播中，更加注重专业技巧方面。

☞硬广告"伤痛"的根源

硬广告之所以有"伤痛"之苦，是因为有问题的根源所在。

我们知道，其实硬广告本身并无太大问题，它是客观存在的，只是我们在运用上不到位罢了。按照常规的思维，在硬广告上，我们都认为广告位序是最为重要的，其实并非如此。按照常理来讲，有位序确实机会大些，但不一定是最合理的，如果遇到广告时间跳台，即使在正一、倒一位置，真正能呈现给观众的又有多少内容可言呢？所以，其实硬广告本身是没有问题的，避开它就没法灵活运用好它，那最终的结果是我们需要投入高昂的成本在内容传播上。内容遇对了还好，遇错了还真是得不偿失了。

☞根治硬广告"伤痛"的建议

根治硬广告的"伤痛"，这里给出两点建议：一是硬广告内容上的革新，二是硬广告投放技巧上的专业提升。做好这两点，硬广告的威力依旧十分强大。

硬广告内容上的革新，核心就是需要我们在内容创意上紧跟流行趋势或者独具创造性，能够让广告内容新颖、独特，能够吸引观众的眼球。做好硬广告内容的创意，实现质量上的不断提升，已经是当下广告主最为迫切需要解决的问题。但是随着内容传播进程加快以及人们对信息运用节奏的提升，除了在内容质量上要不断升级外，在内容数量上也会提出新的要求。也就是说，接下来的内容传播中，不仅关注的是广告主在内容质量上的提升，也更为关注其在内容数量上的时效性和节奏性。准确地讲，广告主在内容创意上的成本会逐步增加，这是未来必须面对的现实问题。

对于广告主而言，未来的传播会更加注重点精准性，想要广泛深入传播，几乎不可能，除非有足够高昂的广告预算费用。看超能洗衣粉在内容上的创意革新，就是一个在数量和质量上做到内容革新最好的例子。抛开硬广告内容革新外，另外一个解决办法就是在硬广告投放技巧上的升级。

恒大冰泉在硬广告的投放上，是非常到位的，基本上把握住了各投放卫视广告窗口的规律，并已把其研究透彻，最为核心的是它们紧紧抓住了观众跳台的规律，让广告达到了最为有效的传播。恒大冰泉在硬广告投放技巧上有两点值得学习：一是熟知媒体广告窗口的时间并合理配置；二是在广告时长上控制得非常到位。我们知道，恒大冰泉的硬广告浪费的肯定比较多，但是广告就是在浪费中体现效果的，只要不是无谓的浪费，那就是达到了应有的效果。

根治硬广告的"伤痛"，关键还在于广告主和广告公司上，我们要清楚地知道，硬广告是静态的存在，要使它最有效地发挥作用，我们就需要在不同阶段采用不同的方法去运用它，而不是抛弃它、嫌弃它和怪罪它。如果我们能够通过硬广告的宣传在社交媒体发起一项大型的互动活动，那么这样的硬广告的效果就有可能提升好几倍。

互联网时代真假隐瞒不了

互联网时代的营销传播，接收信息的受众多得不可胜数，加之信用体系的逐步建立，所以信息的真假隐瞒不了。比如营销传播常常需要伴有故事性，故事要讲得好，前提就是故事的真实性，然后才是故事饱含情感、故事和产品相吻合，等等，但相对来说真实性为第一，否则很难有一个好的效果。

☞揭示苹果公司信息传播的营销路数

苹果公司能够拥有广泛的用户，除了自身产品过硬外，主要在于其能够借助营销传播方法让用户保持关注度。下面，让我们通过苹果公司营销传播的一些信息，来看看信息背后那些悄然进行的营销路数吧！

悄然路数之一：高大上的发布会打造让人趋之若鹜的公关活动。

每次在推出产品之前，苹果公司都会召开一场高大上的产品发布会。发布会除了吸引科技媒体的广泛关注外，对于"果粉"来说也是一场抢先在朋友圈炫耀自身获取第一手信息的能力的机会。如果对费劲的产品发布会的必要性产生疑虑，那想必就不能看到每场发布会后，在科技圈和媒体圈里掀起的舆论风潮，在自媒体尤其是微信、微博形成的裂变传播后，让苹果瞬间占据头条宝座的信息。

这就是苹果产品发布会背后的信息，利用发布会简单地接受和应付一次采访或会议，会让媒体和用户自发地去传播发布会与产品的信息，形成品牌的二次曝光，从而达到品牌传播以及高热度关注度的目的。

悄然路数之二：一起追"爆点"支撑的病毒式营销。

每次新产品推出之前，虽然苹果还未公布官方信息，但是在朋友圈、各大科技媒体头条乃至视频领域都不时地流出苹果公司产品又改动某些功能以及创新的传说。

我们暂时无法得知苹果公司自身是否会在各类媒体网站上率先放出信息。但媒体趋之若鹜地对苹果公司的产品进行评测和报道，进而引发大量网民的评论，并吸引"果粉"的疯狂转载，这些都帮助了苹果公司实现广泛的信息到达率，从而增加品牌曝光。

这种率先爆出亮点的"病毒式"营销所形成的几何级传播，一定程度上打造了苹果产品的好口碑。

悄然路数之三：让人情不自禁进行传播的事件营销。

"橘子哥"走红全球的故事想必读者还有印象。一位外国友人在自己的苹果手机里看到了一名中国男人跟橘子树的大量自拍照。这个神奇事件的起因竟是这位美国哥们丢失的手机被中国"橘子哥"买到了，最终在网友们的帮助下，外国友人找到了住在广东梅州的"橘子哥"。更神奇的是外国友人应"橘子哥"之邀到梅州游玩，两个人上演了一场"有缘千里来相会"的画面。

如果你看过之后只是一笑而过，那你就真的不懂这其中的奥秘了，这场跨国"良缘"除了带来苹果手机的高话题度外，对于苹果手机 ITUNE 账号相片同步以及保存的亮点也进行了宣传，可谓一箭双雕。

这种把品牌和产品植入事件中，神不知鬼不觉地引起广泛的社会关注的做法，正是很多企业做营销传播中的惯用方法。

看完这些隐藏在苹果公司营销传播背后的信息，是否已经颠覆了你对营销传播的传统认知？这种颠覆性的革命，让人震撼。

☞真实营销是营销的方向

真实营销是相对于传统营销而言的。传统营销的基本策略是向顾客尽可能展示产品（服务）好的一面并重复，而真实营销是向顾客展示产品（服务）的每一面，可能包括所有的优势、劣势、材料、成本、曾经的使用中引发成功或失败的原因，等等。真实营销旨在推广产品的时候向顾客提供尽可能多的信息，可能包括现在的产品被使用的情况、产品每一部分使用的材料类型（或产地）、真实的设计过程、设计团队的状况，甚至还可能包括产品的详细成本和公司利润等。真实营销要求营销过程中每一步都必须真实可靠或有据可查，如产品照片（或三维展示）需要标注拍摄光源类型、相机（型号、快门速度、光圈）、是否经过后期处理等；产品说明要求说明产品核心部件的详细材料类型、产地、染色方式、使用周期和损坏率、易损部件等。

当前，对于微博、微信这种低成本、高性价比的营销平台而言，只要有利可图，人人都可以用，而且没有什么潜规则，没有任何门槛。这也就导致越来越多的微博、微信营销在利用各种噱头，博取眼球。而不少噱头存在虚假性，有的微营销喜好夸大其词，有的微营销喜欢玩抽奖，有的微营销对转发现金乐此不疲……但这其中不乏"满嘴跑火车"的营销微博、微信。当承诺人无法兑现承诺时，或所承诺的内容不可能做到时，这就是"虚假信息"。而当承诺人没有履行义务时，他们就必须承担违约责任。然而，虽说承诺人可能违约，但是在操作层面上，对于此类"违法成本低、起诉成本高"的情况，网友们若想要"较真"，去维护自己的合法权益却很艰难。这也就形成了如今网络微营销无人监管的局面。

我们认为，创意、策划可以夸张，但效果必须是真实的。网络营销的

"大咖"们，守住你真实的底线。对于一些离谱的营销内容，也请看客们忽略它、无视它，以免成为传谣的"帮凶"。

关系信任度是未来营销的重点

营销活动其实是一个企业与消费者、供应商、分销商、竞争者、政府机构及其他公众发生互动作用的过程，其核心是建立和发展与这些公众的良好关系。公众对企业信任度的高低，往往决定着营销的成败，因此，注重建立、巩固与企业利益相关人的各种关系，以提高关系信任度，被称为是未来营销的重点。

关系信任度具有双向沟通、协同合作、互惠互利、反馈控制等本质特征。企业在网站建设实践中可通过组织设计、资源配置和文化整合来提高顾客的满意度，通过履行承诺以建立与利益相关者长期信任的互惠关系。

☞关系信任度在企业营销中的价值

关系信任度在企业营销中占有相当重要的位置，关系信任度的共赢理念给企业带来的价值主要表现在以下几个方面：

一是关系是减少不确定性的手段。企业在急剧变化的环境中面临很大的不确定性。从供应商方面看，供应商可能根据市场情况提高价格使企业付出更高的成本，供应商也可能转向更加有利的客户从而使企业不得不付出更大的因更换供应商带来的成本，特别是因不确定性而使原材料供应中断，致使企业遭受重大的损失。从客户方面看，需求的变化常常使企业的生产供应量不足或大量过剩，难以预期。从企业内部看，企业管理者不仅面临环境的不确定性，而且还要面对内部许多限制因素。关系性交易正好提供了解决复杂性的有效途径，克服了不确定性给企业带来的负面影响。

二是关系性交易可降低交易成本。在关系性交易中，有几个方面的因素可以降低交易成本。一方面，有限的供应商数量可减少交易成本，包括花费较少的时间收集信息与新的供应商进行谈判、协调、行为的控制和检查等。另一方面，因减少在几个供应商之间转换而降低运作成本，其中包括双方磨合成本。

三是利用外部资源实现效率。单个企业的资源是有限的，企业必须具备获取外部资源的能力。为解决内部资源的有限性与企业经营的灵活性之间的矛盾，企业从孤立地依靠自有资源向建立关系方向转化，提高新产品开发速度、发挥能力互补等方面的优势。

四是关系信任度的社会价值。关系信任度可使企业获得经济价值之外的社会价值。就单个公司来说，关系是一个重要资产，其价值不仅表现在创造效率和创新上，还表现在提供信息以及影响其他公司上。就许多公司而言，关系可能是最重要的资产，也是组织之间学习的良好途径。当然在实践活动中，关系具有两面性：首先，存在相互依赖与失去独立性的矛盾；其次，双方预期的价值也是不对称的。供应商和顾客对建立关系的意愿和条件可能不一致。因此，单方面的信任与承诺并不一定能保证关系的顺利发展，关系方式有可能限制竞争，导致社会福利的损失。

☞提高关系信任度的现实必要性

在我国社会主义市场经济条件下，随着改革开放向深层次、宽领域的发展，特别是电子媒体的迅速发展，经济交流更为频繁，提高关系信任度有其现实的必要性。这主要体现在以下几个方面：

一是吸引新顾客，留住老顾客。提高关系信任度可以在不断吸引新关系或新顾客的同时，留住老关系或老顾客。传统营销一般重视关系方或顾客消费的营销工作，招来新顾客需要花费大量人力、物力和财力，结果往往是一方面吸引了新关系方或新顾客，另一方面又失去老关系或老顾客。可以通过定期或不定期与关系方或老顾客联系，为他们服务，并为他们提供最大的消费价值，提高关系信任度，从而使他们与本企业结为忠诚的伙伴关系户。

二是树立良好形象。提高关系信任度可以树立良好形象。传统营销是为了满足关系方或顾客需要，改进产品性能，提高产品质量，但容易忽视在公众中树立企业自身形象。关系营销更重视企业与关系方或顾客的接触和联系，引入理念识别、视觉识别，以便在公众中树立良好形象，有助于关系方或顾客对公司产生满意感，建立忠诚感，建立长期共存共荣的伙伴关系。

三是有助于提高企业的竞争优势。提高关系信任度有助于提高企业的竞争优势。传统营销注重根据市场需求变化开发新产品，注重产品的更新换代。关系营销是建立在与消费者广泛且紧密的伙伴基础上的，企业必须竭诚为消费者服务，保持相当数量的、忠诚的老顾客，采取不同的服务方式，满足消费者个性化需求，创造与竞争对手不同的优势，提高市场竞争力。

四是提高企业效益。提高关系信任度可以提高企业效益。传统营销往往只注重战术的销售因素组合，容易忽视战略营销，特别是不注重保持老顾客对公司的忠诚，花费营销成本较高。然而，关系信任度弥补了这种营销观念的缺陷，注重营销各关系方的利益，在营销活动中重视公共关系，忠诚地履行自己对关系方的诺言，把大批忠诚的关系方或顾客吸引到本企业周围，通过忠诚的老顾客的"口碑效应"，大大降低了促销费用，从而提高公司效益。

在我国社会主义市场经济条件下，提高关系信任度作为一种营销策略已经成为我国企业在国内和国际市场竞争中稳定阵脚，打破营销困境在强手如林的市场中取胜的一大法宝。当然，随着时代的不断发展变化，提高关系信任度的战略还必须随着经济实践的变化而不断调整，理念也必须不断更新。

☞企业网站如何更好提高关系信任度

在阿里巴巴10周年晚会上，马云曾说这是一个不受信任的社会，在日常生活中如此，网络上则更加缺乏信任感。阿里巴巴、淘宝每天至少都有几千万笔交易存在，金额从几毛钱到几万元、几十万元甚至成百上千万元，这些平台为何会有如此大的交易量存在？又是如何解决这些信任问题的呢？那是因为他们都有严格的审核机制、惩罚机制、信誉机制等。那我们企业网站又该如何解决这些信任问题呢？下面就和大家一起探讨企业网站如何更好地增加客户信任度这个问题。

一是详细介绍企业。用户在浏览企业网站时，首先是浏览介绍资料的页面，也就是"关于我们"页面。如果一家企业网站连"关于我们"这个页面也能忽略的话，那么它又如何利用互联网进行营销、进行业务的拓展呢？因此，这个页面是绝对不能忽略的。"关于我们"页面应该要尽可能的详细，应介绍公司的历史、发展状况、公司背景、企业文化、企业宗旨、业务范围等。只有让潜在客户更加了解企业之后，才会有合作的可能。

二是详细介绍企业的客户案例。在电商平台中，为何都有"评价者"、"最近销量"这些功能？那是因为第三方的"评价"能够更加客观地让客户了解这个产品。而"最近销量"就是最好的客户案例展示。大多数普通消费者都认为，既然已经有这么多人买了这个产品，而且评价都挺好，那么我再买就不可能会吃亏上当。这也是增加信任度的一种方式。企业网站也应该有一个客户案例展示栏目，可以是以文章的形式介绍最近成交的客户，也可以是商品销量展示的形式。如果能够增加一些客户对企业的评价，那么效果则更佳。

三是详细展示企业的证书及荣誉。在企业网站中企业的证书以及荣誉等信息的展示是非常重要的，另外还有公司的环境展示等。证书以及荣誉是增加信任度最直接的表现，如果你是客户，你是愿意相信一家在网站上全面展示了公司的各种证书以及荣誉和公司工作环境照片的企业，还是愿意相信一家网站上没有任何证书和荣誉展示的企业呢？答案显而易见。可以展示企业的营业执照、行业执照、组织结构代码、各项产品的合格证书、年检证书，等等。细节方面要注意添加水印，以免被盗用。

四是其他展示内容。企业网站是代表着一家企业在网络上的门面，那么就需要把它做好，该展示的内容一个都不能少。如公司业务的服务流程、企业的联系方式、合作伙伴、新闻报道，等等。还可以制作客户常见问题栏目，同时保持网站内容的更新，整体风格要整齐，不能杂乱，使用的图片要清晰。

网站优化，打造信息传播优质路径

只有极致的细节体验才能成就让人尖叫的产品，只有超出预期的体验感知才能带给用户惊喜。在这个"体验为王"的时代，只有为用户提供优质的信息传播路径服务，才能赢得"用户体验"。在电商时代，优质的信息传播路径更多地来源于企业网站，因此，要想很好地把握用户体验，企业网站必须进行优化。

进行网站优化，首先需要厘清网站优化与搜索引擎优化的关系。

　　网站优化思想认为网站优化与搜索引擎优化的关系是：网站优化设计并非只是搜索引擎优化，搜索引擎优化只是网站优化中的一部分。之所以很容易将网站优化等同于搜索引擎优化，主要原因在于网站设计因素对搜索引擎优化状况的影响非常明显和直接，因此更容易引起重视。同时应注意的是，网站设计优化不仅仅是为了搜索引擎优化，其核心仍然是对用户的优化，因此应坚持用户导向而不是搜索引擎导向，这也是网站优化与搜索引擎优化基本思想的重要区别之处。

　　网站优化基本思想之所以坚持以用户为导向的原则，是因为网站的内容和服务是否有价值最终是由用户来判断的，即使网站在搜索引擎中的表现很好，如果用户感觉使用很不方便，同样不会产生理想的效果。而且，网站推广也并非完全依赖搜索引擎，还需要综合考虑各种相关因素。因此，网站优化设计中三个层面的内容不能顾此失彼，应实现全面优化，尤其是对用户的优化应放在首位。

　　网站优化诊断分析方案首先是出于对用户获取信息和服务的考虑，包括从内部获取信息和外部（搜索引擎）的便利性等方面。实际上，用户优化第一的原则与搜索引擎优化在本质上是一致的，搜索引擎收录网页的排名规则也是从用户获取信息的习惯方面考虑，如果用户获取信息方便了，对于搜索引擎而言，也会将这样的网页视为高质量的网页，从而获得在搜索引擎中好的排名结果。

　　在实务中，用户体验优化与搜索引擎优化的有效结合，是网站优化的最高境界。因此不要为了搜索引擎而去做网站，从用户体验优化角度去营销自己的网站，一切为了用户去设计，才是网站最好的成功之路。再好的搜索引擎优化如果不是建立在用户体验的基础上都不算一个成功的网站。

☞网站用户体验优化

网站用户体验优化就是把网站针对于用户的体验来进行优化，面对用户层面的网站内容性优化，本着为访客服务的原则，改善网站功能、操作、视觉等网站要素，从而获得访客的青睐，通过优化来提高流量转换率。用户体验优化的基本原则是以人为本，网站的推广也必须基于这一原则，因此只有把握好用户体验优化才能开始进行网站优化。

对于任何一个站点来说，用户体验优化分为两个层面：一个层面是用户体验设计的层面，用户体验的工作是针对用户体验进行初始设计，以及逐渐完备优化成型的网站流程和用户体验；另一个层面是用户体验过程的层面更多的是通过对现有的网站做用户层面的分析，研究用户心理，做反向的用户流程和网站商业利益上的均衡调整。用户体验更多的是运营岗位职责上的工作。

但商业网站需要在商业利益与用户体验上做均衡，最好的用户体验并不一定是照顾用户的操作，一切以"用户为中心"。这好比是欧美风格的网站与中式风格的网站或者韩式风格的网站的差异。欧美式风格的网站在其对应的欧美用户，或者行业内的一些人来说，商业利益可能比较小，全部为用户考虑，但有时候对国内用户来说，这种考虑有的是考虑得太多，而这种考虑的开发和运营成本是国内的商业性公司不愿承担的。

要知道，不管做到何种程度的优化，用户的跳出率是始终存在的，并且，所有的用户最终都会跳出，不能单一地以跳出率来衡量用户体验优化的效果，更重要的是用户在用户体验优化后的网站流程上，功能性操作的时间降低，内容性操作的时间延长。例如，修改内容或功能操作控制的过程、添加的过程、注册的过程等。而用户对内容层面会留出更多的时间，或者是被用户体验优化后的页面所吸引，愿意付出更多的时间停留。

一是页面内容、功能布局优化。功能性操作的优化遵循鼠标相对活动路径最短的原则，使各功能操作的按钮组合合理且在鼠标活动路径最短的面积内。一般为鼠标指针左上方 400×200 的区域以及右下方面 200×100 的区域。由于人体手腕部的生理构造，并且绝大部分人使用右手，这两个区域是右手最舒适和自然的动作区间。因人手不同、鼠标不同、显示器的人小不同，以及网站的布局不同，所以这个数值是相对的，运营人员和 UE 人员应该根据自身的情况做调整。

二是页面元素配色优化。页面元素的色彩搭配，是比较重要的用户体验优化内容，根据用户人群的不同，以及用户使用时间的不同，做相应的调整。并且，可根据每天的时间变化，将页面的色彩搭配进行按时间段划分，例如早上的颜色较清淡，中午的颜色较明亮，夜晚的背景较暗等。又如，如果一个网站的用户多是办公室工作者，那么这些人很多都可能是近视，眼睛长期看屏幕，所以给这些人的配色应参考色彩学和心理学，避免刺激色和刺眼色。

三是页面描述、引导性内容优化。页面从注册到退出的所有操作过程都应有针对性地进行描述性内容、说明性内容、引导性内容的优化，例如，注册过程中的"用户名"可以改为"起一个名字"；"密码"改为"想一个密码"；"退出"改为"离开"。虽然是简单的改变，但是仔细研究用户心理及操作过程的，因为，任何一个人在注册的时候，对"用户名"和"密码"，心理都是有一个"思考""想"的过程，如是否想个新的、是否有一个通用的、是否很重视等，如果重视，用户名就起得相对真实和规整。应用较多的是交友网站的各种功能和应用的内容性描述。

☞搜索引擎优化

搜索引擎优化的基本原则是提高网站的内容性、用户的相关性、用户的实用性，也就是说用户的行为才是网站实用性最大的标准。

搜索引擎优化需遵循以下步骤：

一是关键词的研究并选择。首先要把需要做的关键词都列表出来，尤其是要分析用户习惯的关键词。在对客户的网站、搜索引擎占有率和市场目标进行分析后，搜索引擎优化工作室需要与客户共同建立关键词列表，用户将通过这些词来搜索客户公司的产品或服务，同样客户也会提出在搜索引擎需要获得的关键词排名。最重要的关键词不是由企业本身来决定，而是由用户决定，因为上面每个用户发生的音讯都极有可能抉择网站的关键词及产品的战略。内容信息的创建网站建设以原创为最佳，不是复杂的关键词堆砌。

二是全面的客户网站诊断和建议。在建立了全面的关键词列表后，就需要对客户网站进行全面诊断，目的是让客户网站的每个页面都在搜索引擎获得更高的排名，全面的诊断和建议包括搜索引擎的快照时间、收录速度、每个网页的具体内容和元信息优化的分析，使客户网站更符合搜索引擎的排名要求。搜索引擎优化工作室需要不断地探索搜索引擎新算法，来保证客户网站的排名。

三是搜索引擎和目录的提交。一旦客户网站的建议被应用，就需要把客户网站系统性地提交到目录和搜索引擎中。选择高质量的目录是最关键的，比如 DMOZ、hao123 网址大全等。

四是月搜索引擎排名报告和总结。衡量自然搜索引擎优化是否成功，可以通过搜索引擎来检查先前制定的关键词。做得比较好的搜索引擎优化工作室，一般都会提供一个基线排名报告，报告会根据每一个关键词在每一个搜索引擎中显示客户网站的排名位置。如果客户的网站以关键词来排名，那么这个基线排名报告将显示具体的页码、位置，以及关键词排名的搜索引擎。此外，好的搜索引擎优化工作室还会提供一篇每月摘要，这篇每月摘要将显示客户网站总的搜索引擎优化的进展，商讨具体的排名计划。

五是季度网站更新。通常关键词的提升和期望值会有所差距，因此最初的高排名只是成功的一半，搜索引擎是不断改变算法的。自然的搜索引擎优化和营销目标，都是通过每个季度客户网站的更新，而不断改变搜索引擎的显示。这些更新通过结合搜索引擎的算法，将附加的产品关键词推广出去。搜索引擎优化不只是一个结果，更是一个持续不断的过程。

值得一提的是，搜索引擎优化的整站优化是对网站的一次综合性检查与优化，包括对网站的结构、栏目、内容、内部链接、外部链接的综合性梳理优化。优化的对象网页遍布网站各大主要栏目、列表页与产品页，从而直接提升网站与搜索引擎友好度及用户体验度，在网站整体关键词排名得到上升的同时也强调提升网站的用户体验。

建立自媒体：为自己代言的时代

自媒体是具有强烈个人特征和风格的小群体或者个人搭建的媒体。自媒体主要强调信息在传播渠道、受众、反馈等方面与传统媒体的差异。一般来说，群体创作、企业平台可以算作自媒体，而以个体为主体，独立开发平台、获得用户也可叫自媒体。自媒体使得"人人都是传播者""人人都是发声者"，因此，企业可以建立微博、QQ群、微信、论坛和贴吧等自媒体，为自己代言，宣传自己的企业。

☞微博——随时随地传递你的信息

微博，微型博客的简称，即一句话博客，是一种通过关注机制分享简短实时信息的广播式的社交网络平台。微博的信息长度通常限定在 140 个字以内，但这并不妨碍它被称为"140 个字的革命"。微博可以随时随地发布，其核心是社交功能，通过"关注"和"转发"可以与关注人群实现有效互动，并达到信息的快速传播，微博人群叠加的效应十分明显。由于微博具有简洁方便的特点，且进入门槛较低，因而容易吸引用户并维持热度。微博的影响力正在推动着一场前所未有的互联网信息传播革命。

微博主要具有以下特性，如表 5 - 1 所示。

表 5 - 1 微博的主要特性

特征	内容
集群性	微博集群性的特点非常突出。微博用户在关注感兴趣人群、发布原创信息以及转发信息的过程中，可以迅速扩大个人社交圈，形成人际沟通的集散节点，微博用户会感觉自己处于一个不断扩大的关注圈的中心，从而对微博的兴趣大增，形成黏性使用需求。交互方式可以一点对多点，也可以点对点
即时性	对于传统媒体来说，只有直播才能实现信息传播的即时性，而对于随时随地可以发布信息的微博来说，即时性的特点也是随时随地、不受限制的。微博用户将自己的所见、所闻、所感，通过手机、互联网、客户端等手段第一时间发布出去。内容和媒体形式的便捷性能最大限度地保证微博用户页面上信息的即时性
草根性	微博用户不论身份如何，人人都能发声，都可以参与到新闻、信息的传播活动中。微博使得每个个体成为新闻的生产者、传播者，他们也有了向其他个体或群体自主发布、分享信息的可能性和现实性。昔日传统媒体所独占的渠道不再成为信息传播的唯一渠道，在渠道层面，微博改变了固有格局。同时微博碎片化的发布方式也让往日里受意见领袖影响而选择沉默的大多数个体有了表达自己的机会。在微博的话语体系里，也许你很草根，但同样可以很大声
共享性	共享是互联网的精髓之一，作为开放信息平台的微博，用户在个人页面上发布的所有信息都可以随时查阅，用户彼此之间的互动内容也可以很方便看到，没有任何信息接入的门槛。微博开放 API（应用程序接口，允许其他网站借助微博平台发布游戏之类的网络产品）接纳了大量第三方软件，通过这些软件提供的服务，可以获知用户普遍关注的热点话题、对同一社会事件的倾向性态度、一个用户被其他用户关注的程度等。微博的门户越开放，产生用户青睐内容的可能性就越大，用户的认可度自然也会随之提升

伴随着信息传播技术的不断革新，我们正在进入一个人人有话说的"微博时代"。在微博时代，企业的微博营销也随之大兴。那么，企业如何做好微博平台的运营工作呢？可参照表5-2所述的几条建议。

表5-2 企业做好微博平台运营的建议

序号	内容
1	企业微博没有必要去购买僵尸粉，僵尸粉对企业的宣传和效益的提高没有半点作用，如果被细心的人发现某个企业微博的粉丝大都是僵尸粉，那么这个企业的形象会大打折扣
2	要增加粉丝，除了保证企业微博发布的内容足够吸引人之外，在微博建立的前期，不妨打开微博的"名人堂"，找到和自己企业领域相同或相关的名人，粉他们，同时也从他们的粉丝里挖掘潜在粉丝。另外还可以去竞争对手的粉丝里寻找潜在粉丝
3	发布微博也讲究格式，一条微博必定有个主题，而这个主题建议用符号标出，一目了然
4	发布微博的时候，尽量选择两个话题作为关键词。一个是和行业有关的关键词，可以引来流量；另一个是引向目标的关键词，可以导入数据
5	虽说企业微博是服务于企业的，但是一味地发布企业广告，任何人都会反感。建议适当发布一些对粉丝来说有趣或者有用的内容，公益性内容也可以
6	一旦要用微博发广告，尽量选择软文的形式，千万不要用一篇硬广告，是没有人愿意看的
7	写微博一定要用平易近人的口吻，不管你的企业多么牛掰或者多么高大上，粉丝永远是你的上帝，一定要放低姿态和粉丝说话，不要自以为是。用亲切的表述方式，萌萌哒也是可以的
8	评论和转发都要仔细看，及时处理私信，多参与同行业的互动
9	因为微博是个开放的平台，任何人都能看到你发布的言论，一定要谨慎表达观点和立场，以免招黑
10	合理设置标签。新浪微博会推荐有共同标签或共同兴趣的人加关注

☞QQ群——粉丝畅所欲言的领地

QQ群是腾讯公司推出的多人聊天交流的一个公众平台，群主在创建群以后，可以邀请朋友或者有共同兴趣爱好的人到一个群里面聊天。除了聊天，腾讯还提供了群空间服务，在群空间中，用户可以使用群 BBS、相册、共享文件、群视频等方式进行交流（见表 5-3）。QQ 群的理念是群聚精彩，共享盛世。

表 5-3　QQ 群的功能特性

功能特性	内容
群留言板	专属于您的群留言板，属于小圈子的话题统统在这里召集
群相册	往往一张图片胜过千言万语，你可以随时发送喜欢的图片来增添情趣
群聊天	不用多啰嗦，想聊就聊！一次发信，万人知道，节约时间，节约资源
群硬盘	拿出最好的！给得越多，得到的越多！群硬盘给您提供自由发挥的空间
群名片	您拥有不同的群，每个群里有不同的身份。没关系，每个群内的名片都是独特的，快来 Show 出群内独特的您！我 Show 故我在
群邮件	好友不在线？没关系，请到高级群里来注册群邮件，您的信息每个人都能收到！方便快捷的沟通方式，一个也不能少
匿名聊天	群成员开启匿名聊天之后，群里的其他成员无法知道是谁发的消息，提高群的趣味性
成员等级	将不同活跃度的人分成不同等级，群成员等级可以自定义
查找群	想召集天下好友吗？果断地去登记自己的群分类吧。昭告天下，就是这么容易
群通话	2012 年 5 月 24 日，腾讯 QQ 群视频秀功能正式上线，用户只需在线申请即可体验。作为针对 QQ 群用户设计开发的多人视频功能产品，视频秀将带来一种可视听的全新群沟通体验

　　QQ 群营销是互联网最为重要的营销推广方式之一，掌握 QQ 群营销，对企业的互联网生意至关重要。众多企业家和营销人深知，营销的核心是流量，而成交的核心是信任，而 QQ 群营销正是建立在流量和信任双重保障之上的。

　　通过 QQ 群营销，无须要太多推广成本，只要发布一条广告信息，就可同时传递给群中上千名群成员，操作简单、推广快速，是流量获取的重要来源，并且通过与 QQ 群成员的长期沟通交流，信任度建立非常快，对成交有着极大的提高。下面，为大家讲解利用 QQ 群营销的策略和技巧（见表 5-4）。

表 5-4　QQ 群营销策略和技巧

序号	内容
1	做 QQ 群营销之前，必须先建立 QQ 群，建立 QQ 群时应注意，QQ 群名称必须和你的产品或者行业相关。如投资交流群、美容群、大学生求职群，等等。另外，群名称应包括相关行业关键词，群简介用简短的内容概括群的基本信息，设置群标签，这样有助于用户通过搜索查找到 QQ 群从而带来精准客户
2	建立 QQ 群完成后，开始推广 QQ 群，可以利用博客、空间、论坛等各人推广平台来推广 QQ 群，鼓励用户加入。通过群成员管理来邀请自己的 QQ 好友加入 QQ 群，把 QQ 群加入代码设置到自己的博客和网站内，使用户直接点击申请加入。利用其他 QQ 群、QQ 群推广网站等多种平台推广自己的 QQ 群，利用赠品活动鼓励用户加入 QQ 群
3	当 QQ 群内有一定的精准用户后，就要开始培养信任，建立长期的沟通。技巧如下：发布热点内容和热点话题，鼓励用户沟通讨论；通过群相册、群文件来分享有价值的图片或者文件，如公司图片活动、产品说明文档、使用电子书，等等
4	定期举办 QQ 群语音交流会，解决客户的疑问和常见问题
5	运营过程中，群内尽量减少广告发布次数，避免引起群成员的反感。及时清理群内不和谐、乱发广告的成员，及时提醒避免上当，保证群内的和谐稳定
6	通过一段时间运营后，可以开始促销自己的产品，常见的方式是发布群广告、群文件等。但最好的方法是举办 QQ 群语音产品说明会。准备完整的产品说明演讲稿，举办 QQ 群语音演讲会，通过演讲成交的方式来推广促销自己的产品
7	QQ 群也可应用于售后服务，指定的运营人员及时解决 QQ 群内成员的疑问和问题，建立长期的信任感，为长期营销建立信任和准备

☞微信——再小的个体也能创造自己的品牌

微信由腾讯公司于 2010 年 10 月筹划启动，腾讯公司总裁马化腾在产品策划的邮件中确定了这款产品的名称叫作"微信"。目前越来越多的使用微信的用户习惯把更多的时间放在手机上，所以微信已经是市场上营销推广不可或缺的一个渠道。商业嗅觉敏锐的企业，已经迅速打造起他们的微信公众平台。

微信的功能服务除了包括聊天和添加好友在内的基本功能，还有微信支付、系统服务、行业解决方案、城市服务等。微信的优点是，信息发布便捷；"病毒式"传播，传播速度快，影响面广；互动性强，即时沟通；成本极其低廉；能使企业形象拟人化；微信的缺点是，需要有足够的粉丝才能达到传播效果；信息海量，容易被湮没；传播力有限，一条微博文字有限，其信息仅限于在信息所在的平台进行传播。

从微信的特点看，它重新定义了品牌与用户之间的交流方式。如果将微博看作品牌的广播台，微信则为品牌开通了"电话式"服务。当品牌成功得到关注后，便可以进行到达率几乎为100%的对话，微信的维系能力远远超过了微博。此外，通过 LBS、语音功能、实时对话等一系列多媒体功能，品牌可以为用户提供更加有丰富的服务，制定更明确的营销策略。基于这种功能，微信已远远超越了其最初设计的语音通信属性，其平台化的商业价值显然更值得期待。然而，微信的特点更像一把"双刃剑"，由于微信营销属于"许可式"的，只有在得到用户许可后，品牌方可展开对话，虽然这部分用户可以被明确定义为品牌的忠实用户，但他们也可以随时关闭与品牌之间的互动。试想一下，如果用户关注了 20 个品牌，每个品牌每天向其推送 3 条信息，那么这些信息就显得有些扰民了，所以如何维系与用户之间的关系将成为进一步讨论微信营销的关键。

目前，微信已经发布了 6.2 正式版，其具体功能解释如下：

一是聊天界面右上角增加"收钱功能"。进入微信后，在聊天界面点击右上角"＋"，可以看到增加了一项收钱功能。其实"收钱功能"我们并不陌生，就是原来的"面对面收款"，随着微信线下支付布局的深入，好友之间付款的频率加大，所以将此功能位置调高，也是为了鼓励大家更多地使用微信支付。点进去之后可以看见自己的收款二维码，并且可以设置金额（如果没有设置金额，则由付款人输入金额）。然而，iPad 版的微信 6.2 里并没有收款功能，所以收款功能的目的是线下移动支付再明确无疑。

二是钱包功能调整。在钱包的功能项中，零钱的余额可以直接显示，"刷卡"提到了功能列表前面。绑定好银行卡，轻松一按，快捷刷卡。刷卡支付，可以帮助小伙伴们线下购物的快速结款，这与微信强势布局线下支付的目的也是一致的。点开支持刷卡的商户列表，许多大型连锁超市、便利店，甚至西少爷都赫然在列，看来以后不带钱包出门真是要实现了。

三是手机可以直充流量。点击"钱包"—"手机充值"，就会惊喜地发现，不仅可以充值话费，还支持充值流量。

四是支持指纹支付。微信也支持指纹支付啦，如何开启呢？方法是：点击"钱包"—"点击右上角"—"支付管理"—"指纹支付开启"，交易支付时轻轻一按即可完成支付，更加快捷方便。目前微信指纹支付只支持 Touch ID，但是也有许多人反映，虽然是 iPhone5S 以上的设备，但是尚未看到此功能，请稍安勿躁，估计是在逐步更新，很快就会有。

五是附件栏增加卡券功能，即将卡券功能加入附件栏中。随着加入卡券的商家越来越多，微信团队也将卡券的位置提升，以便于微信用户更便捷地使用或交换卡券。

六是聊天记录可以迁移。聊天记录一直是被用户们诟病的功能，原来的迁移功能速度慢、操作复杂，槽点满满。新的聊天记录迁移功能是这样的："设置"—"通用"—"聊天记录迁移"，出现迁移二维码，然后在另外一台设备上登录自己的微信号，再一扫描二维码，即可开始快速迁移聊天记录。

比之前上传再下载聊天记录的方法方便多了！

七是增加快速传图功能。这个功能非常方便，聊天时，直接点击"＋"，选择图片，无须打开本地相册就可以直接将最近存入的图片进行多选并发布。提高了聊天过程中的传图体验。

八是朋友圈内容支持实时翻译。在之前的版本中，聊天内容是支持实时翻译的，现在又增加了朋友圈的内容翻译，只要朋友圈发布的消息与手机设置语言不同，翻译功能就会"智能"出现。比如，你的手机默认语言是中文，当朋友圈出现英文和数字时，长按文字，就会弹出翻译功能弹窗；如果你的手机默认语言是英文，那么就可以直接翻译中文内容了。微信推出这一功能也是为了更好地让国际用户使用，以及让国人与国际友人多多交流。翻译功能由有道词典提供支持，使用过此功能的小伙伴们普遍反映，翻译的准确度还是相当不错的。

九是微信消息可以多条合并转发。功能操作如下：长按对话气泡—选择"更多"—选择需要转发的多条内容气泡—点击转发图标，选择"合并多条"。此功能特别适合于需要将别人零碎的话合并成一大段话，易于转播，尤其像微互动每周的群分享，特别适合此功能。同时，使用本功能还可以实现聊天记录的备份，选择多条信息（支持文字、图片、图文、表情、视频等，不支持语音、游戏、卡券、支付类消息）发给好友，发送邮件，或者发送到印象笔记、微云、有道云笔记等平台。

十是朋友圈删除评论增加提示。之前朋友圈有好友评论，点进去查看并没有找到该条评论，很多人为了确定是否漏掉评论信息，都会选择再次查看。现在不用那么费事了，如果有人删掉了给你的评论，那么朋友圈消息就会明确提示"该评论已删除"。

微信本次的更新，最核心的功能就是"微信支付"，不仅包括了线下支付场景的全面展开，还加强了用户间的支付行为，进一步培养了用户的微信支付习惯。目前的支付功能主要适用于微信各类生活消费、线下的便利店、大型超市的购物交款，还有朋友聚会 AA 收款、收付账款等场景。

那么，微信营销的前景究竟如何？品牌疯狂涌入的同时又有多少可以最终留在这个平台？我们观察并总结了时下最有效的几种营销模式，并结合简单的案例描述，告诉大家微信营销前线的真实状况。

一是活动式微信——漂流瓶。微信官方可以对"漂流瓶"的参数进行更改，使得合作商家推广的活动在某一时间段内抛出的"漂流瓶"数量大增，普通用户"捞"到的频率也会增加。加上"漂流瓶"模式本身可以发送不同的文字内容甚至语音小游戏等，如果营销得当，也能产生不错的营销效果。招商银行"爱心漂流瓶"活动期间，微信用户用"漂流瓶"功能捡到招商银行漂流瓶，回复之后招商银行便会通过"小积分、微慈善"平台为自闭症儿童提供帮助。根据观察，在招行开展活动期间，用户每捡 10 次漂流瓶基本上便有 1 次会捡到招行的爱心漂流瓶。不过，鉴于漂流瓶内容重复，如果能够提供更加多样化的灵活信息，用户的参与度会更高。

二是互动式推送微信。通过"一对一"式的推送，品牌可以与"粉丝"开展个性化的互动活动，提供更加直接的互动体验。星巴克的互动式推送是，当用户添加"星巴克"为好友后，用微信表情表达心情，星巴克就会根据用户发送的心情，用《自然醒》专辑中的音乐回应用户。

三是陪聊式对话微信。现在微信开放平台已经提供了基本的会话功能，让品牌与用户之间做交互沟通，但由于陪聊式的对话更有针对性，所以品牌无疑需要大量的人力成本投入。以杜蕾斯为例，杜蕾斯微信团队专门成立了 8 人陪聊组，与用户进行真实对话。延续了杜蕾斯微博上的风格，杜蕾斯在微信中依然以一种有趣的方式与用户"谈性说爱"。据杜蕾斯代理公司时趣互动透露，目前除了陪聊团队，还做了 200 多条信息回复，并开始进行用户语义分析的研究。

四是 O2O 模式——二维码。在微信中，用户只需用手机扫描商家的独有二维码，就能获得一张存储于微信中的电子会员卡，可享受商家提供的会员折扣和服务。企业可以设定自己品牌的二维码，用折扣和优惠来吸引用户关注，开拓 O2O 营销模式。深圳大型商场海岸城推出"开启微信会员卡"活动，用户只要使用微信扫描海岸城专属二维码，即可免费获得海岸城手机会员卡，凭此享受海岸城内多家商户优惠特权。

五是社交分享——第三方应用。微信开放平台是微信 4.0 版本就已经推出的功能，应用开发者可通过微信开放接口接入第三方应用，还可以将应用的 LOGO 放入微信附件栏中，让微信用户在会话中方便地调用第三方应用进行内容选择与分享。来看"美丽说×微信"这个案例：用户可以将美丽说中的内容分享到微信中，由于微信用户彼此间具有某种更加亲密的关系，所以当美丽说中的商品被某个用户分享给其他好友后，相当于完成了一个有效到达的口碑营销。

六是地理位置推送——LBS。品牌点击"查看附近的人"后，可以根据自己的地理位置查找到周围的微信用户。然后根据地理位置将相应的促销信息推送给附近用户，进行精准投放。K5 便利店新店开张时，利用微信"查看附近的人"和"向附近的人打招呼"两个功能，成功进行基于 LBS 的推送。

在微信上企业还可以建立自己的微官网来宣传推广企业的产品和品牌，也可以建立微商城来销售企业的产品或服务。当然微信营销更重要的是要将更多原创的内容和互动性、趣味性、吸引力更强的互动活动通过微信公众号推送给粉丝，通过粉丝点击和转发来吸引新的粉丝关注，并提升粉丝对品牌的忠诚度和购买力。下面放几张笔者策划的微信活动图片供大家参考

（图 5 – 1、图 5 – 2、图 5 – 3 所示）。

图 5 – 1　微信活动图片之一

图 5 – 2　微信活动图片之二

微信传播案列——互动活动传播

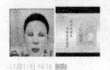

图 5-3 微信活动图片之三

☞论坛·贴吧——极端用户才能指出极端问题

论坛是 Internet 上的一种电子信息服务系统，简单理解就是发帖回帖讨论的平台。它提供一块公共电子白板，每个用户都可以在上面书写，可发布信息或提出看法。它是一种交互性强、内容丰富且及时的 Internet 电子信息服务系统，用户在 BBS 站点上可以获得各种信息服务、发布信息、进行讨论、聊天，等等。

企业利用论坛这种网络交流的平台，通过文字、图片、视频等方式发布企业的产品和服务的信息，从而让目标客户更加深刻地了解企业的产品和服务，最终达到宣传企业的品牌、加深市场认知度的目的。这种网络营销活动就是论坛营销。成功的论坛营销需要把握 6 个关键要素：

一是推广论坛。这是开启论坛营销的必要条件。站长们要有自己的论坛推广团队，团队成员要去一些大型的、人气比较高的论坛推广自己的论坛，增加曝光度。也可以按照论坛营销的产品不同，去相关的论坛去建立马甲，从而能更有针对性地去推广。这是必要条件。

二是吸引人气。把论坛营销做好的第一步就是吸引人气。不知道站长们有没有发现，尽管论坛注册率很高，但发帖子的可能就一个人而已，甚至于很多的帖子只有一个楼主，都没有回复。这样的话，就说明论坛管理做得不到位。

三是话题营销。对于论坛营销来说，话题营销是一个非常的方法，每天找一个大家比较热衷的话题，再让管理员们都参加，像是一个论坛管理员至少二三十个人，这二三十个人再去互动，每个人互动二三十次，那么今天的话题营销回复至少达到几百次，天长日久，不愁没有人气。这样的话题营销不仅仅是在增加论坛曝光度，同时也是一种很好的营销论坛的方式，很多论坛都在采用这样的方式，效果的确是很好的。

四是正确引导回帖。如果之前采用了话题来营销一个论坛，那么一定可能会遇到争论。其实，对于论坛来说争论是一件好事，因为可以通过争论增强论坛互动性与曝光率，特别是不知名企业，通过论坛途径演变成大范围病毒式营销。当然，如果适得其反，反而会给论坛带来不好的影响。

五是多增加新内容。如果一个论坛没有去很好的管理，那么凭什么要求网友们廉价地为你服务呢？如果你是一个论坛的版主，请你点击自己发布的帖子，看看有几条信息呢？所以，管理论坛应积极鼓励版主去管理好论坛，这样才能带来更多的新鲜血液，从而对于论坛的营销意义，可以做到极致。

六是你真的喜欢这个论坛吗？作为一个论坛的管理者，你一天会打开论坛网址几次呢？如果你不钟爱这个论坛，你何必要求别人深爱呢？

贴吧即百度贴吧，是百度旗下独立品牌，全球最大的中文社区。贴吧的创意来自于百度首席执行官李彦宏：结合搜索引擎建立一个在线的交流平台，让那些对同一个话题感兴趣的人们聚集在一起，方便地展开交流和互相帮助。

贴吧是一种基于关键词的主题交流社区，它与搜索紧密结合，准确把握用户需求，为兴趣而生。

贴吧营销，是以贴吧为载体的一种营销方式。贴吧的本质是一种基于关键词的网上主题交流社区，它与搜索紧密结合，准确把握用户需求，具有针对性强、黏性高和互动功能强等特点和优势。通过用户输入的关键词，自动生成讨论区，使用户能立即参与交流，发布自己所拥有的其所感兴趣话题的信息和想法。这就意味着，如果有用户对某个主题感兴趣，那么他可以立刻在贴吧上建立相应的讨论区。

并不是所有的贴吧都可以作为营销的工具，企业应该注意以下几点：一是选择贴吧要有侧重点，二是帖子的内容要有讲究，三是要学会利用百度热点，四是发帖要有技巧。鉴于百度贴吧的高人气和百度作为中国最大的搜索引擎的特殊性，在百度贴吧做推广也有两种不同的方式：一是找出当前最流行的元素；二是使用和性感相关的素材。如果你是一位正规站的站长，那就要保持理性的头脑，合理地利用百度贴吧推广自己的网站。

小结：写给中小企业的营销传播建议

一般的中小企业由于资金实力不够，抗风险能力有限，所以在营销传播时更应该注意以下几点：

1. 除非你有足够的资金储备，否则，在移动互联网时代，千万不能抱有赌一把的心态，到处借钱来砸硬广告。

2. 在宣传传播时，不要一味地模仿大企业的案例，企业的大小不一样，传播方式也会有所不同，比如说你的产品发布会就不能像苹果产品发布会那样去开，一定要有创新，要有自己的特色。

3. 千万不要虚假炒作，要学会利用微信、微博、QQ 等社交媒体发起互动活动。

4. 做好产品或服务的质量，能够为用户提供个性化的超值体验，引导用户在他们的自媒体进行口碑传播是适合中小企业营销传播的最好方式。

第六章 场景化布局
——互联网＋O2O 的未来

O2O 的场景化，是指商家需要深入了解某个群体的消费者在日常生活中，会在什么地方、什么时间，想做什么事、有什么需求，然后通过合适的途径尽可能快捷便利地去满足消费者需求。注意，这个途径包含消费者线上线下的全部生活环节。因此，"场景化"是 O2O 快速变现的重要武器之一，也是互联网＋O2O 的未来。

粉丝就是一口井，不做深挖成废砖

"粉丝就是一口井"，是"叫只鸡"总经理郭丰源说的一句话。"叫只鸡"是一个基于微信服务号的餐饮 O2O 平台，自建中央厨房加工菜品，提供"送鸡上门"服务。"叫只鸡"集合了全国 50 位五星级酒店的大厨，由用户决定哪位大厨来料理鸡，并且所有的鸡都是来自峨嵋山的生态鸡以保证产品质量。郭丰源这句话的意思是说，打造一个粉丝群并不容易，对营销者来说，粉丝就是一口井，如果没有不停地深挖，就只是一堆废砖的集合罢了。"叫只鸡"的深挖之道，就是从吸附到圈养再到回报。

"叫只鸡"利用微信群，构建以下增粉和活粉措施：一是线上活动增粉。每一次非粉丝点击页面，都会引导其先关注微信再参与活动。不断开放平台，对接活动涉及滴滴打车、江小白、加多宝等，通过活动进一步吸引粉丝，构建底层基础。二是线下引流。"叫只鸡"拥有固定和非固定排期的多种线下推广渠道和方式。大型综合体、社区、写字楼、用户和群众通过线下活动，可以获取关注微信的通道。这是"叫只鸡"的常规增粉渠道。三是通过原始情感圈养粉丝。"叫只鸡"设计了呆萌小鸡的客服形象，将品牌演化成各式情感传递给粉丝。

被称为"互联网预言帝"的凯利·凯文在《失控》一书中曾说，"蜂群思维"的神奇在于没有一只蜜蜂在控制它，但是有一只"看不见的手"，即一只从大量成员中涌现出来的手，控制着整个群体。营销者对粉丝的吸附，最重要的就是借助这个"看不见的手"。

所谓"看不见的手"，其实就是人性。电商网站尚品宅配新居网（以下简称尚品宅配）利用人性的贪、嗔、痴、慢、疑，构建了两大增粉措施：一是线上活动增粉，包括600个圣诞鸟枕头引起193413次转发的砍价活动，24小时内成功筹到200张爱心课桌的公益众筹活动。单这两场活动，就带来了54889个粉丝。除此之外，还有蓝莓十企（酷派大神手机、汤臣倍健、神州专车、瑞卡租车等）合作活动、本来生活网合作活动等。二是线下门店引流。尚品宅配拥有多家SM店，覆盖万达、银座等多个大型Shopping mall。用户通过门店活动、微信连WiFi、微信附近的人，都可以获取关注微信的通道。其中，广州东宝门店在新开业之日，通过微信连WIFI吸引的粉丝，就有137个。

下面，我们通过尚品宅配的实践，来解析他们是如何对粉丝进行圈养和推送式回报的。

☞用原始情感圈养粉丝

人性的驱动，可以将品牌由虚无生物象。用人类最原始的一对一语言沟通，才能唤起人类最原始的亲近感。尚品宅配首创了真人客服形象小薇，由24 人组成的互动团队，将品牌演化成各式情感传递给 360 万个粉丝。尚品宅配小薇的团队人数还在不断增加，目前已经有 22 个预备小薇正在培训中。

除了真人互动以外，尚品宅配还赋予自己的微信公众号人格化的特征。在尚品宅配的微信里，既可能遇到活泼可爱的萌萌薇，也可能遇到性格直爽的汉子薇，更可能遇到上晓天文、下晓家居的教授薇。

除了人性化以外，尚品宅配还非常注重用户对于服务的体验。不管你发出去的消息通过信号传输到了哪个小薇，都可以在 30 秒内得到回应。这是尚品宅配情感互动的基本要求。只有这样，粉丝才能获得近似面对面的原始交流体验。最开始，尚品宅配只能在 5 分钟之内响应，后来逐步通过数据化管理以及技术后台的支持，将响应时间提升到 3 分钟，直到 30 秒以内。

☞用个性化推送服务粉丝

尚品宅配做微信营销，最看好的是利用时代先进的信息技术生成的大数据。尚品宅配的数据采集分成三个环节：一是系统自动记录用户的轨迹，用程序来打标签；二是微信客服小薇会根据用户的提问以及与用户的主动沟通，按照尚品宅配制定的模板，主动询问并添加用户标签；三是设置一些环节，让用户主动添加标签。

一方面，尚品宅配会利用自身的技术优势，将前端"腾讯提供的公众平台"与后端"客服后台系统"打通，整个形成一流的 CRM 系统，最大效率地管理客户关系。每个用户进到服务号关注界面，简单的回复动作，复杂的点击菜单轨迹，全部会被记录在客服后台聊天系统。同时，用户的关注动作也会带着数据，尚品宅配会根据其参数判断其来源，进而统计不同来源的客户的不同行为习惯。另一方面，尚品宅配对标签进行深度利用。用户的轨迹会自动形成智能标签，客服小薇在互动过程中，也会根据用户的回复语言为用户手动贴上标签。

除此之外，用户通过尚品宅配微信上的风格测试轻 APP，1 万套案例轻 APP 的点击规律，也会自动贴上标签。这些标签的累积堆砌，就是一个简单的用户模型，即用户从哪来，在哪里，往哪去，喜欢哪。这些模型会被分到一个个标签类别下，尚品宅配的后台会对用户进行智能推送，让用户看到想看的图文内容，从而提升其对品牌的好感度。并且因为是用户想看的内容，所以用户就会发生点击图文的动作。而这个动作，刚好也让用户成为尚品宅配的 48 小时内可互动的活跃粉丝。这个程序是尚品宅配自己做的。集团的第一家公司，就是家居行业最牛的软件公司。所以技术力量一直都是最强的。

尚品宅配的智能推送，是根据用户的需求，在用户不找的情况之下，主动地将用户需要的信息推送给用户。一般来说，服务号每月只有四次主动向用户推送信息的机会，并且是在 48 小时之内无限次向用户推送内容。尚品宅配就利用了这样一个规则，制定了运营团队的一项 KPI，必须通过各种方式让 48 小时内的活跃用户保持"活着"的状态。所谓"活着"，就是 48 小时内可推送权限。

大数据下，尚品宅配搭建了一个微信智能推送系统，既让用户看到想看的内容，也让用户一直处于 48 小时内的活跃状态。

互动才能调动粉丝的参与感、分享感

互动性强，可以调动粉丝的参与感和分享感，从而带动朋友圈子里"病毒式"的传播。这是一种互动营销，是策划微信活动场景化常常要用到的方式。

互动营销是指企业在营销过程中充分利用消费者的意见和建议，并将其用于产品的规划和设计，为企业的市场运作服务。互动营销的实质就是充分考虑消费者的实际需求，切实实现商品的实用性。互动营销能够促进相互学习、相互启发、彼此改进，尤其是通过"换位思考"会带来全新的观察问题的视角。

互动营销具有如下特点：一是互动性，主要强调的是商家和客户之间的互动；二是舆论性，主要是通过网民之间的回帖活动间接或直接对某个产品产生正面或者负面的评价；三是眼球性，就是吸引网民的眼球，如果一起互动营销事件不能吸引眼球，那么无疑这起互动营销事件是失败的；四是热点性，包括借助热点事件来炒作和自己制造事件来炒作；五是营销性，即为了达到某种营销目的而进行的事件炒作和互动。毫无疑问，互联网带来的"互动性"这一媒体形态变化是营销产业实现跳跃式发展的一个重要契机，为那一部分"注定被浪费掉"的市场投入找到了实现价值的途径。

互动营销关键是"互动"，互动已然成为微营销的核心和精髓。没有互动就无法达到调动粉丝形成参与感和分享感的效果，因此需要解决这样3个问题：和谁互动？互动什么内容？怎样互动？

☞和谁互动

要互动，首先需要找到进行互动的人，即企业要与哪些人进行互动。因为企业的目标是扩大传播范围，增强影响力，因此互动群体可定位为名人、行业达人等在某些领域具有强影响力的一类人，他们往往拥有大量的忠实粉丝，这些粉丝对他们说的话也会积极转发。

但这其中需要注意的一个关键问题就是自身价值定位要与互动群体价值定位保持高度一致。例如，如果是一个管理类的官方微博，体现的是专业性，那它的互动群体就应该是在管理范畴下的企业高管、行业咨询专家等群体，而不应该是演员、时尚达人等名人。此外，还需要注意的就是所选择的互动群体是乐于分享、乐于与其他人进行交流的人，否则，互动很有可能就变成一厢情愿的事情。

☞互动什么内容

互动内容直接影响到互动群体能否跟自己形成互动，并且对之后的传播也产生重要的影响，因此在设计互动内容时要特别注意。一般来说，每一位名人或专家都会有一定的爱好或研究方向，因此互动内容可以此为基点，内容最好是他们的原话，并且是时下的热点话题，那么形成互动的可能性就会很大。如果没有他们的原话素材，可以以他们所关注的热点话题进行互动。

这其中就涉及一个问题，那就是怎么才能知道他们的爱好或研究方向呢？可以通过以下几种方式来发现：一是他们的职业方向。例如很多有影响力的人都会在微博上进行认证，我们就可以准确了解他们的职业背景，另外通过观察他们的微博标签和所关注的人可以大致了解他们的关注点在哪里。二是微博内容。观察他们在微博中经常发布哪些内容，也能大概了解他们的爱好

和对某些事情的观点。三是相关博客或专栏。一般的名人或专家都会有自己
的博客或专栏，通过阅读他们写的内容，可以从中看出他们的关注点和研究
方向。

☞怎样互动

确立互动内容之后，就要考虑互动的形式应该是怎样的。一般情况下，
可以通过以下几种方式进行互动：一是引用原话，并＠TA。二是转发 TA 的
微博并加入自己的观点以期形成互动讨论。三是发布相关微博，并＠TA。这
对内容要求比较高，需要和 TA 的核心价值观保持高度一致。四是转发他人
微博，加入自己的观点，并＠TA，同样这对内容要求也比较高，并且转发的
微博最好也是出自有影响力的人群。

除以上 3 个方面之外，还需要注意互动的时间和互动的频率。前者可以
参考他们微博发布时间的大概规律。因为强影响力人群的信息一般会比较多，
如果时间错位很大，互动信息很有可能会被大量其他的信息淹没。关于互动
频率，一般一周 1～2 次为宜，这其中需要提醒的一点是可以规划出一定数量
的互动群体，比如 50 个，然后将其规划出相应的互动频率分布图，以保证互
动的连续性。

互联网＋O2O 线下活动的三大方向

2015 年 7 月 21 日召开的第十四届中国互联网大会上，苏宁云商董事长
张近东介绍，苏宁易购的移动端全面实现了与线下人员、商品、促销和服务

的无缝对接，让用户不仅可以实时看到货物送到哪里了，还能查询身边的门店正在进行的各类促销、特色活动和售后服务等，并可以进行预约、交易以及互动。

在张近东看来，移动支付、场景互联、社交服务将成为线下O2O的三大方向。那么我们怎么理解这三大方向呢？

☞移动支付

是否具有O2O线下支付能力，将成为O2O平台化机会的核心。此前，用户花了十年时间养成了线上支付的习惯，移动互联网使一切加速，用手机完成线下支付的习惯将被更快地培养起来。

和电商时代互联网公司在线上支付领域的整体自由竞争不同，O2O的线下支付战会更加复杂。除了线上线下背景的市场化公司，银联和银行是不可忽略的特殊玩家。在线下这个不完全市场化的领域，影响竞争的因素更多，变数也更大。尽管如此，各方积极抢夺线下商户、以市场化力量去打破原先的低效垄断已成必然。当然，O2O的线下支付战不会脱离对线上能力的依赖。对于线下商户来说，营销、交易、管理效率都是影响收支的因素，提供全方位服务的平台更能取得它们的青睐。所以，我们看到的是，有导流能力的O2O公司在往后端走，而为线下商户提供支付服务的O2O公司在往前端走。在O2O支付工具＋应用场景的搭配中，目前两方面都强大的玩家尚未出现，而这也正是机会所在。

2015年4月13日，北京国际大厦的好邻居便利店举行微信支付活动。在"10元以上支付立减10元"的活动中，中午时分便利店已经排起了长队，消费者在商品计价后，打开微信钱包，进入"刷卡"功能，通过扫描支付条码，便可完成支付。同日，上海市政府与腾讯在沪签署了战略合作框架协议，根据协议，上海市政府将支持腾讯泛娱乐、微信、QQ 及网络媒体。上海地区的微信用户可通过微信享受医院挂号，电费、水费、燃气费缴纳、驾照违法记分等 14 项便民服务。此前，阿里巴巴集团董事局主席马云在汉诺威消费电子、信息及通信博览会上，向德国总理默克尔与中国副总理马凯演示了蚂蚁金服的 Smile to Pay 扫脸技术。只是拿着手机对着脸部扫描一下，短短几秒钟，就从淘宝网上购买了一枚 1948 年汉诺威纪念邮票。"刷脸支付"不仅成功向全球展示了中国互联网企业的创新能力，同时是移动支付技术竞争的另一种升级。

在移动支付时代，大数据的沉淀和分析让支付变成了一个引导用户再次更好支付的环节；而随着科技的进步，通过业务创新，线上线下的支付边界越来越模糊了。无论大家对移动线下支付的巨大市场如何看待，现在尚没有充分理由去预测谁将在 O2O 的 3.0 时代成为王者，但随着这场线下支付战的展开，O2O 将如火如荼地影响更多人的生活。

☞场景互联

人们的行动轨迹记录了不同的线下场景，如车站、电影院、餐厅等，因此，O2O 的流量（需求）存在于线下市场，存在于每一个消费场景之中。事实上，O2O 线下场景是丰富多样的，比如打车、代驾等是以"行"为场景的 O2O 线下服务，看电影、看展览是以"鉴赏"为场景的 O2O 线下服务，喝咖啡、吃火锅是以"食"为场景的线下 O2O 服务，这些行业都在尝试发展各自的 O2O 之路，但始终只能提供单一场景的 O2O 服务。用户在线下某个场景时，一定时间、一定空间范围内只能享受单一种类的服务，如果想在短时间享受更多种类的服务，就要付出更多的时间和成本，这是线下"单场景"发展 O2O 的局限所在。

由于一些企业意识到"单场景"对未来发展的限制，O2O 开始向着"多场景"的趋势发展。例如朝阳大悦城定位"超级家庭生活娱乐购物中心"，以家庭为主题包装商业，集购物、餐饮、娱乐、文化、健身、休闲六大主题于一体，让消费者在一个商场内就可以享受到不同的消费体验，在北京的商业地产项目中堪属第一。建成后以先进的消费概念、丰富的业态与经营品种融入人们的生活，极大地缓解了朝青板块商业严重不足的现状，满足了区域百万消费人群的消费渴望，成为北京市场极具地标性与文化性的超大型、一站式休闲购物中心。

这是一个碎片化的市场，谁能帮助中小商户将天然属于自己的碎片化的"客流流量"变现，使中小商户获得稳定长期的收益，谁就自然变成巨大的移动商务流量入口。在这里，场景应用的创始人谌鹏飞曾经提出过的"痛点思维"具有指导意义。痛点指的是消费者的痛点，痛点思维即企业通过与消费者之间形成信息流或业务流从而产生的交互应用场景，导致消费者对商品产生购买欲望的临界点。

线下大战已经拉开。谁能率先铺设应用场景并培养起用户习惯，谁就将占领线下战争的先机。笔者强烈建议中小企业在分析用户的消费场景数据后，能够建立一个商家联盟（即场景联盟），把用户消费场景中的商家联盟在一起，通过互发优惠券、代金券、会员卡、礼品的形式，把用户凝聚在联盟的商家之内。

☞社交服务

目前，O2O 已经开始渗透进入了少数的几个社交行业，如传统的相亲行业，通过在线资料查询、沟通来最终进入线下的恋爱阶段，并取得了很好的市场效果。

O2O 的社交模式改变了现在的传统线下社交，并在线下提供社交服务。来看一个案例。一名销售员邀请一名潜在客户去打高尔夫球。打到第 3 洞的时候，他们发现上过同一所高中，而且现在很谈得来；打到第 18 洞的时候，他们已开始谈论合同了。以前，你可能需要一些运气才能发现你与客户之间的共同背景并建立有意义的联系。现在，你不再依靠运气了。他们的微信等社交工具页面上的信息可以让你获得需要的信息，从而让你顺利地开始对话，就像这名销售员和这名潜在客户都是同一支足球队的球迷，进而，潜在客户不再"潜在"，这名销售员成功地为这名客户提供了相关业务的服务。

也就是说，O2O 的社交关系，一方面可以尽可能多地了解社交对象的基本信息，筛选重点，尽早进入融洽的沟通状态；另一方面可以提高线下社交的效率，提高工作的绩效和收益。这样说来的话，O2O 迟早会颠覆现有的传统社交关系，前半个社交的流程可以通过互联网来完成，后半个社交流程就基于线下的具体场景来进行适宜的处理。

从发展趋势而言，O2O 必然会渗透进入各种社交场合，网络和人之间的距离将会越来越短。随着微信、陌陌、专业细分社交网站的发展，社交对象的基本信息线上化的趋势将会凸显，而互联网将会成为 O2O 社交关系中的一道有效的过滤屏障，避免不需要见的人，找到需要沟通的人。

小结：写给中小企业场景布局的建议

中小企业在进行 O2O 的场景布局时应该注意以下几点，否则很有可能辛辛苦苦构建的一个 O2O，没过两年就被市场淘汰了。

1. 以最快的速度推动线下支付的快速实现，笔者建议线下支付系统最好是选择支付宝，现在新的支付宝已经具备微信的部分功能，未来可能在凝聚老客户这一点上有很大的动作。

2. 通过异业联盟来建立一个适合用户关联消费场景的路径，就好像在之前的章节所说的，一个卖化妆品的企业把做美容、美发的企业整合进来进行异业联盟，用户到化妆品店消费时可以获得美容店、美发店的优惠卡、代金券，用户到美容店、美发店消费时又可以获得化妆品的优惠卡、代金券，这样也就等于是在为用户构建了一个消费场景的路径，引导客户按照设计好这条路径去到对应的场景进行消费。

3. 利用线下门店建立粉丝俱乐部，经常组织一些粉丝聚合活动，让用户可以通过粉丝俱乐部实现社交功能，满足人性需求，条件成熟时还可以和其他俱乐部联合一起搞互动活动，并在QQ、微博、微信、论坛、贴吧等社交媒体上广为传播，吸引更多潜在的目标消费者成为企业的粉丝。

第七章　管理系统布局
——模式落地的保障

　　模式选好，战略做对了，不代表一定能够成功。一个企业如果没有一个成熟的管理系统，就一定不会有很好的执行力，只要没有执行力，再好的商业模式、再好的战略布局都有可能以失败而告终。随着时代的发展进步，管理理论也应该结合时代特色进行相应的创新升级，建立一套跟上时代发展、适合企业规模的管理系统就显得尤为重要。

适合移动互联网时代的五全经营管理系统

　　在移动互联时代，移动办公将会得到长足发展，一方面为很多经常出差的商务人士提供便捷办公的有利条件，另一方面也为很多有能力、有个性的年轻人实现居家办公创造了有利条件，甚至很多有远见的企业已经开始尝试主动让部分岗位的员工居家办公。在未来的 3 年，居家办公可能会慢慢成为趋势，有能力的人不仅居家办公，甚至有可能同时为多家企业提供服务，这样不仅可以节省人力资源成本，也能给员工一个更自由的发挥空间，促进员工的稳定性和忠诚度。如果居家办公、移动办公是必然的发展趋势，是移动互联网时代的特色，那么企业的管理系统就必须随之进行革新，才能跟得上这种变化，否则整个管理就有可能会失去控制，得不偿失。

笔者在十几年的管理咨询实践过程中，提炼总结出一套独具时代特色的管理系统——"五全经营管理模式"。该模式经过上百家企业应用验证了其卓越的执行效果，能够很好地提升企业的执行力，促进企业战略目标的快速达成。

☞管理没有系统模式，必然难以落地

从某种意义上来讲，一个企业在做好企业定位和战略布局之后，项目能否成功，关键是看团队的执行力如何，而执行力又必须有一个成熟的管理系统来支撑，很多企业老板和管理者所讲的执行力低下并不是指组织整体执行力差，而是在强调员工个体执行力不好。实际上，从企业发展的角度来看，企业更应该强化的是组织执行力，因为组织执行力就是企业战略目标的落地实施能力，一个企业组织执行力的强弱直接决定了这个企业战略目标的实现程度、实现速度和调整速度。

"任何事物都是相辅相成的"，所以深究企业执行力问题，其原因在于"根基"不牢，何谓企业的"根基"？那就是企业的管理系统，它决定着企业的发展、执行力、员工忠诚度等方方面面的问题。所以，企业的管理系统就是企业的"根基"，根基不牢固，再好的商业模式也难以落地生根！

一家企业只有建设完整完善的企业管理系统，执行力问题才能得到完美的解决。组织执行力提升工作是一个系统工程，它不是老板带领着管理团队去听两次执行力课程或者参加两次执行力培训就能立马解决的。企业老板应该敢于承担组织执行不力的首要责任，明白自己在执行力改善中应该发挥的作用和担任的角色。

笔者建议企业老板应该组织自己的管理团队和核心骨干人员针对本企业中影响组织执行力的各种因素进行系统分析、梳理和总结，找到真正制约组织执行力的关键因素，然后再针对各种原因有计划地进行梳理、整改和落实。通过明确目标方向、理顺组织架构、明确职责分工、改善组织授权、完善制度流程、优化人员配置、健全奖惩考核激励体系、强化过程管控与结果导向，由老板与管理者带头垂范。只有企业针对自身组织执行不力的原因下决心彻底分析、梳理和整改及长期坚持后，这个企业的组织执行力才会真正有所改观和提升。

☞五全经营管理模式的特点

单从执行力问题上来看，如果企业的管理系统是片面的，甚至是没有建立企业管理系统，那么这些企业的执行力看起来就会像一座"空中楼阁"。所以说要想解决企业的执行力问题，首先要建设并完善企业的管理系统。而真正完善的企业管理系统是什么样的呢？这就是笔者本人独创的"五全经营管理模式"理论（见图7-1）。它是一个适合移动互联网时代的经营管理系统，具备以下两个特点：

一是强调量化每天（或每周）的工作指标，并在每天（或每周）进行考核，考核得分直接与收益挂钩，这样就很好地监控了每天的工作过程，让工作过程始终在可控范围内，不至于跑偏。

二是主张通过工资方案变革，把员工转换成小老板，让每个员工的收益都和企业效益直接挂钩，一切让结果来说话，这样就很好地监控了每月的经营结果，让经营业绩在可控范围之内，发现偏差可以及时纠正。

一个企业只要有一个完善的管理系统，既能监控工作过程，又能掌控工

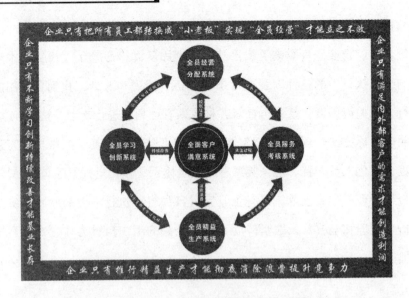

图7-1 "五全经营管理模式"理论图

作结果，管理就不会失控，就可以大胆地尝试批准员工居家办公，让员工在不影响工作的前提下可以同时照顾好家庭，以此来提升企业吸引高级人才的能力。

笔者在辅导一家出口贸易公司时，指导企业推行"五全经营管理模式"，鼓励员工自由安排上班时间和上班地点，不仅缩小了办公场地、减少了办公人员，还把业绩提升了43%。接下来，笔者会详细地介绍一下"五全经营管理模式"。

五全经营管理模式要点解析

"五全经营管理模式"包括五大管理系统：全员经营分配系统、全员服务考核系统、全员精益生产系统、全员学习创新系统、全面客户满意系统（见表7-1）。

表7-1 五全经营管理模式系统建设要点

五全经营管理系统	各大系统内涵
全员经营分配系统	财务管理、成本控制、工资分配方案、经营目标管理
全员服务考核系统	人力资源建设、组织机构建设、服务体系建设、绩效考核建设
全员精益生产系统	涵盖所有部门、所有环节、所有流程的精益生产建设，形成书面化、文件化的管理体系，推行先进的生产管理模式，如JIT、TPM、TQM
全员学习创新系统	学习培训机制创新、提案制度、学习型团队建设
全面客户满意系统	企业战略定位、企业营销定位、营销团队建设、营销渠道建设、企业品牌建设、企业文化建设、客户满意体系

下面对表7-1中的各个要点进行解析。

☞全员经营分配系统建设

此点旨在让每一个员工都转换成"小老板"，达到人人自我经营、人人都想做好的目的。

其一，把企业的历史数据和行业成本进行科学的统计和分析，设定一个合理的考核指标，把各项成本都和企业的员工挂钩，超出考核指标的扣回来，低于考核指标的奖励给员工，建立一套"数据考核、全员经营"的工资分配方案，把企业的每一个员工都转换成"小老板"，让员工获得更好的收益，实现每一个员工都想做好的目的。

其二，有了这样的工资方案就等于把企业的各项成本都已经锁定了，这就更利于制定和实现企业的经营管理目标。

其三，该方案一定要让员工比以前收益更高，否则，就变成企业把经营风险都转嫁给员工，员工是绝对不会接受的，所以必须想办法使员工有足够的资源、更好的方法，能够持续地把工作做好，这样员工收益高了，企业的收益也跟着提升了。

其四，企业只有实现人人都是"小老板"，实现自我经营，大家才会把企业的事当作自己的事来做，企业才有可能立于不败之地。

其五，每月每个部门都必须设立量化经营指标，每个月初总结上月指标达成情况，并制定当月量化指标，把总结出来的失败的教训和成功的经验转换成书面化的文件，以便更好地改善和提升，严格控制好每月的经营结果。

☞全员服务考核系统建设

此点旨在让每一个员工都变成服务员，不管是高管还是员工都要接受内部客户或外部客户的考核，让每一个员工都可以考核为其提供服务的上司、平行部门，实现每一个员工都有足够的资源把工作做好的目的。

其一，企业每一个员工都是一个服务者，要么是直接服务内部客户，要么是服务外部客户，或者是同时服务于内部和外部客户。同样，每一个岗位又同时接受多个内部岗位的服务，是企业的内部客户。每一个岗位都把他们对为其提供服务的各个岗位的要求以书面的形式提出来，并对他们进行考核，不管提供服务者是上司还是平行部门，都要接受内部或外部客户的考核，这样就可以令每一个员工都有足够的资源、足够的权利来完成自己的工作。

其二，很多企业的员工根本不知道自己该做什么，做到什么程度才叫做好了。五全经营管理模式要求每个岗位都把其他岗位（内部客户）对自己的要求汇总在一起，这就是最好的岗位职责说明书，可以令每一个岗位的员工都很清楚地知道自己应该做什么，怎样做才叫做好了，怎样做才能使内部和外部的客户满意。

其三，企业只有建立一个服务型的管理团队，打造一个内、外部客户都满意的管理体系，并开始不断沉淀有竞争力的企业文化，才能实现盈利的目的。

其四，每个管理者必须给下属量化每天的工作指标，比如每天开发几个客户、每天（周）设计几款产品、每天生产多少，等等，然后每一天再对前一天各岗位的工作结果和工作变现进行考评，严格控制好每个员工每一天的工作过程。

其五，所有的管理者必须每周提交周计划，每月提交月计划，周计划强调制度流程及重点事项的改善，月计划强调 KPI 的量化与达成，让所有的工作都有计划、有检查、有考核。

☞全员精益生产系统建设

此点旨在实现彻底消除各种浪费，建立先进的生产运营模式，让每一个员工都有方法可以做好。

其一，生产环节是制造企业的核心环节，能否把生产环节做好，往往是一个企业成败的关键所在，而"以彻底消除浪费为根本目的"的精益生产是全世界优秀制造企业普遍采用的生产模式。五全经营管理模式结合精益生产模式的优势，依据中国的民族文化背景及中国制造业的现状，进行了二度创新，形成了自己独特的模式和特色，能够确保有成效推行，从而实现消除浪费、增加利润的目的，并且还能减少对关键员工的依赖性，更能增加员工的稳定性。

其二，精益生产的核心是建立一套防错体系，简单地讲就是要通过设计改进、工艺改进、流程改进、管理改进等多方面来令员工可以工作得更简单、更高效、更少浪费、更有成就感。防错体系要追求哪怕是一个傻瓜去做都不会出错或者至少是少出错的目标。

其三，精益生产只有让员工工作越来越轻松才有可能推行成功，绝对不是一开始就盲目地降低库存，这样只会让企业死得更快。当企业找到库存多、浪费多的根本原因之后，制定一个防错式的操作方法，然后再一步步降低库存，这样才能把精益生产推行成功，产生价值。

其四，企业只有不断地、持续地、彻底地消除各种浪费，才能提升企业各方面的综合竞争力。

☞全员学习创新系统建设

此点旨在充分挖掘内部智慧资源，实现持续改善、永续经营的目的。

其一，创新是企业持续发展的动力，创新还能够充分地挖掘企业内部的智慧资源，尤其是工作在一线的员工更是一座巨大的智慧宝库，我们有独特的方法可以把每一个人的创新动力和创新能力挖掘出来，让企业员工紧紧围绕但又不限于管理创新、产品创新、工艺创新、技术创新等方面发挥自己的特长，让企业和创新的员工都从中获得巨大的利益，从而进一步实现员工都有更好的方法来完成自己工作的目的。

其二，把每一个创新所产生的前三个月的价值都毫无保留地奖励给创新者，让创新者拿到的创新奖金比他们一个月，甚至是一年的工资还要多，而这些奖金都是把之前的一些浪费挖掘出来，把以前认为是不可能的事变成可能。这样每个员工就会挖空心思去创新，每一个创新就会为企业和员工都带来很大的收益。

其三，企业的创新或企业的发展都离不开一个学习型的团队，企业可以通过观看培训录像、培训书籍，聘请内部或外部培训讲师，参加各类培训班的形式打造一个学习型组织，保持持续改进、永续经营的动力。

☞全面客户满意系统建设

此点旨在让企业的内部客户和外部客户都满意，实现企业的经营管理目标。

其一，只有内部客户和外部客户都满意企业才能实现经营管理目标，上面的四个系统都是紧紧围绕这个系统运转，因为只有内、外部客户都满意，企业才能创造利润。

其二，企业应该从品牌、渠道、商场、产品、战略、文化等多环节一起发力，协同作战，才能更好地开发客户、吸引客户、服务客户、满足客户、留住客户。

其三，内部客户满意度提高了，外部客户的满意度才有保障，这就是人们常说的，善待员工就是善待客户。

其四，全面客户满意系统既依赖于前面的四个系统，又牵引前面的四个系统。各个系统之间相辅相成，互相拉动并推动，形成环环相扣、协同向前的机制。

综上所述，五全经营管理模式，既强调控制过程，又强调控制结果；既主张对员工数据化的考核，又主张给员工足够的权利；既推崇让客户满意，又推崇让员工满意；既狠抓系统建设，又狠抓创新建设；最重要的是每个系统、每个观点不但不矛盾，而且相辅相成、环环相扣，形成一个管理的闭环。

五全经营管理模式推行要点

"五全经营管理模式"要想推行成功必须做到如下几点，否则多半会半途而废。

☞最高管理者需全程参与

企业最高管理者必须对整个模式了解通透，并全程参与、全力支持。任何一个管理系统、管理模式的落地都离不开企业最高管理者的支持，笔者在辅导企业的过程中发现，几乎是80%的企业老板都不会全程参与，但又必须大事小事经过老板的首肯，这样的企业就算有再好的系统、再好的模式都很难落地执行。笔者建议要么老板全程参与，要么老板任命一位有能力的最高管理者全权负责模式落地的推动工作，老板只能指挥最高管理者，不能越级指挥，一切模式落地的事项都由老板授权的最高管理者来决策。最高管理者全程参与这一点是模式落地最核心的基本要求，否则，一定是胎死腹中，或者是半途而废。

☞派员监督

企业必须指派一名普通文员级别的员工专职监督各个系统是否正常执行。相信很多读者看到这一点，一定会觉得有问题，怎么不找一个职位更高的人来做监督，一个文员级别的员工能监督好吗？这就是笔者独到的见解。笔者认为，如果找一个职位更高的人作为监督者，一旦发现有人没有切实执行，他们就有可能权衡利弊，考虑被监督对象的难处、面子等，一来二去就很难监督到位。如果找一个文员级别的员工来监督的话，他们根本没有能力去权衡利弊，也没有权力或者说更不敢去考虑被监督者的面子，只能进行严格的监督考核，做不到就扣分或扣钱，这样的监督效果反而更好，更能达到预期的效果。

☞适时调整

企业必须咬牙坚持，学会不断调整，绝不轻言放弃。"五全经营管理模式"强调数据化考核，既监控每天的工作过程，又掌控每周或每月的工作成果，对企业的员工提出了更高的管理要求，让一些得过且过的人没有办法混日子，很多员工　时之间难以适应，所以就会挖空心思说该模式不好，如果最高管理者不能及时沟通协调，不能看清事实真相，就很容易放弃。笔者认为这种情况是预料之中、不可避免的，只要我们的管理者能够站在对方的角度去分析，告诉其坚持下去对员工有什么好处，对企业有什么好处，如果确实有不合理的地方会和大家协商调整，大部分的员工就会慢慢适应，一小部分不能适应的员工就会被慢慢淘汰，咬牙坚持熬过过渡期，坚持到底，就能实现企业稳定健康的发展。

小结：写给中小企业系统建设的建议

通过第七章我们应该清楚知道企业管理系统建设的重要性，对于中小企业而言在进行管理系统建设时应该注意以下几点：

1. 不要盲目跟风、赶时髦，一听人家说什么管理系统好，就赶紧上什么管理系统，由于很多管理理论和管理系统都是针对大企业的，或者是针对西方的企业研究出来的，它不一定适合中国的小企业。

2. 管理系统越简单越好，不要太过复杂。在推行管理系统时一定要循序渐进，不能盲目追求一步到位。

3. 在移动互联网时代，信息更加透明，员工找工作也变得更加容易，很多员工只要没有成就感就很可能辞职跳槽，所以管理系统的建设一定要人性化，要最大限度地体现员工的价值、让员工工作起来更加得心应手，更加有成就感。

第八章　整合借力布局
——轻松起飞的秘诀

　　"互联网＋"、O2O等已经上升为国家战略，在中国经济新常态下，中国企业一方面面临宏观经济环境发展放缓的倒逼压力，另一方面也迎来产业转型的时代机遇，但单凭一个企业尤其是中小企业的微薄之力很难实现转型升级，需要商会、协会等联盟来更好地发挥组织协调作用，或者说传统的中小企业只有借助商会、协会等行业组织或者是第三方平台，才能更快更好地应用好"互联网＋"和O2O。那么商会、协会，以及第三方平台到底应该如何创新服务模式、转变服务思维才能协助会员企业呢？这部分内容给出了回答。

商会、协会应该如何助推会员应用
"互联网＋"、落地O2O

　　近年来国家逐步放宽了民间组织的注册条件，相关部门也出台了一些支持性的政策鼓励商会、协会的健康良性发展，各地商会、协会犹如雨后春笋一样大量注册，但是真正能够促进行业自律、推动行业发展的商会、协会却并不多见，商会、协会的转型升级迫在眉睫，并期待有更多的社会力量、第三方组织能够参与到商会、协会的转型升级的工作中来，推动商会、协会的快速发展。

在移动互联网时代，商会、协会或许只有突破固有管理模式，敢于并善于实现跨行政区域整合、跨行业联盟，把全国各地同业同区域、异业异区域的行业协会、商会都整合到一起，形成一个庞大的生态链，为会员企业提供各种资源、降低各种成本，促进会员企业抱团取暖、联盟制胜、转型升级，才能跟得上时代的发展，体现其真正的价值。

☞商会、协会的现状

第一，纵观全国各地的商会、协会等社会组织，做得好的几乎是凤毛麟角，绝大部分都是吃吃饭、喝喝茶、聊聊天，最多也就是为少数人争取了一点政治资源、面子工程，很少为会员创造真正的价值，导致很多商会、协会的会员续费积极性不高，严重影响我国商会、协会的良性发展。

第二，在中国经济新常态下，众多诱因会激发出一批有互联思维，能够实现跨区域资源整合、跨行业产业融合的商会、协会综合服务平台，协助会员企业拥抱互联网，实现创新转型升级。

第三，在移动互联网时代，消费者消费方式、消费思维、消费习惯都已经发生了根本性的变化，如果一个企业或者一个组织没有移动互联网思维、不精通移动互联网工具、不做好互联网＋应用、不适应O2O模式，那么他们错过的不仅仅是移动互联网，而是错过了一个时代，将会成为时代的弃儿。

第四，经过调查发现，超过40%的会员企业还只知道用微信发发信息，甚至还有30%的企业连微信公众平台都没有，如果没有外界的推力和引力，这些企业的生存发展前景堪忧。

☞建议商会、协会构建一个综合性的服务平台

第一，把全国各地的同一省份商会（如各地湖南商会）或同一行业协会（如全国各地的家电协会）整合成一个联盟，构建一个综合性的服务平台，打造一个全新的产业生态链，推动商会、协会转型升级，助推会员企业O2O落地。

第二，异地商会可以向各省的经营管理协作办公室提出申请，行业协会可以向各省的工商联提出申请。

第三，在国家宏观政策的鼓励下，各省对这种类似于商业性的服务平台都非常支持，甚至每年都会有省级的领导出席这种商会联盟大会或异地商会联合会，并利用这个平台吸引企业到当地投资置业，目前湖南省和湖南异地商会联合会在这方面做得还不错。

☞平台服务模式

第一，创建一个联盟的O2O商城，把会员企业的产品整合到商城里来卖，并对平台内所有的会员企业实行8折左右的优惠。

第二，创建一个联盟微信公众平台，每天发布国家政策、行业信息、市场动向、管理理论、成功案例、标杆企业、商业明星、商会新闻、商会管理等方面的资讯，并为会员企业的产品或品牌推广提供便利的条件。

第三，组织一个联盟经济论坛，不定期地在全国各地级城市召开，就"互联网＋"、O2O、工业4.0、商会管理新模式等话题和会员进行交流，并让专家给出指导意见，协助商会和会员落地执行。

第四，创建一个联盟网上学院，免费为会员企业的中高层人员提供学习机会，促进会员企业的管理升级。

第五，打造一个资源整合大舞台，为会员企业提供同业联盟集中采购来降低采购成本，提供品牌联盟来降低品牌宣传推广费用，等等。

第六，成立多个独立私人董事会，利用平台的影响力，把社会上的智慧资源整合到独立私人董事会来，以市县为单位每月由私人董事会人员带领会员互访会员企业，一起学习互访企业成功的经验，并一同为互访企业的经营瓶颈出谋划策。

第七，建立一套商会管理新模式，用互联思维建立一套适合时代发展的商会管理新模式并免费提供给各地商会，同时免费指导商会落地执行，提升商会影响力。

☞平台服务价值

第一，为会员节省采购成本，促进会员创新转型。通过全国会员的同业联盟，实现集中采购，预计至少使企业采购成本降低3~5个百分点，给会员企业实实在在的好处，也可以把节省出来的一小部分返点给商会，作为商会的活动经费。

第二，为商会创造盈利机会，提升商会盈利能力。在集中采购返点给商会的基础之上，联盟商城可以实行三级分销制，凡是省级商会以下人员购买或销售的产品都有一定比例的返利给省商会，凡是地区级商会以下人员购买或销售的产品都有一定比例的返利给地区级商会，凡是区级商会以下人员购买或销售的产品都有一定比例的返利给区级商会，凡是县级商会以下人员购买或销售的产品都有一定比例的返利给县级商会。

第三，3年之内所有服务都是免费向会员企业开放的，为会员提供免费的增值服务，提升会员对商会和平台的依赖感、向心力、凝聚力。

第四，联盟的O2O商城作为会员企业的线上商城，联盟会员企业的线下门店就作为会员企业线下展示厅和服务店，推进会员企业快速落地O2O。

☞平台推广方式

第一，建立一个全国异地商会会长、秘书长微信群，让全国各地的商会协助推广。

第二，通过会员及会员的员工的朋友圈推广联盟平台，并以"三级分销"模式，让每一个参与者拥有自己独立的会员系统和商城系统，层层盈利、共同发展。

第三，通过全国各地的联盟论坛和企业互访活动推广。

第四，在全国发起互联网营销推广活动，让全国人民都能知道联盟是一个服务商会的平台，是一个小本创业的平台，是一个赚钱的平台，是一个资源整合的平台。

☞平台盈利模式

第一，最初3~5年所有服务都是对会员免费开放，通过优质的服务、创新的模式、有吸引力的内容、务实高效的活动来吸引会员在微信公众平台和O2O商城做广告，并邀请有实力的企业冠名赞助联盟论坛来募集费用，理论上来讲不会出现亏损，甚至会小有盈利。

第二，3~5年之后视实际情况开始转向收费服务，预计一个省级联盟年利润超过千万元。

第三，条件成熟后，再进行跨省联盟平台结盟，实现更广更全面的覆盖。

☞平台发展展望

第一，整合社会资源或者在会员里推行众筹模式，吸收资金把联盟平台打造成一个类似于阿里巴巴、京东这样的大平台，然后进行包装上市。

第二，如果发展顺利，一个综合服务平台很有可能在 5 年之内于深市创新版挂牌上市。

☞股东构成建议

第一，建议整合一切有资源、有梦想、有能力、有实力的会员企业，一起投资这个平台。

第二，有资源的人士或组织可以以资源、知识产权、管理技术入股，无须投入货币资金。

第三，也可以通过专业众筹平台或众筹网站来众筹一部分启动资金。

笔者认为，如果商会、协会能够按照以上建议构建一个综合服务平台，不但能够为会员企业提供超值的服务，而且能够通过这个平台盈利，可以很好地达成"以商养会、以会促商"之目的，欢迎全国各地的商会、协会与笔者本人沟通交流，共同探讨商会、协会的创新之道。

中小企业O2O落地的最佳平台——易聚联盟

笔者在近两年管理咨询辅导的过程中，只要发现企业没有相对的竞争优势，或者说没有核心的竞争资源，一般都会推荐企业和协助中小企业O2O落地的专业的第三方平台合作，而易聚联盟就是笔者认为的最佳选择，很多的企业都在这个平台上轻松获得快速的发展。

☞易聚联盟是一个什么样的平台

易聚联盟是中国标准化营销网站的先行者，由许许多多的网上商城组成的营销联盟，致力于创造一个从产品挑选到销售过程都标准化、规范化的网络营销平台。易聚联盟协助每个创业者创建自己的网上商城，凭借庞大的社会化营销渠道获得同产品供应商谈判的话语权。每个商城都由专业团队提供运营服务，包括装修、铺货、在线客服、订单处理，等等，立即就可以使用，而且商城在出售商品获利前无须支付运营费用。易聚联盟每个商城的产品来源包括两类：一类是严格挑选厂家，直接由生产厂家供货；另一类是精选来源于天猫商城的部分品牌合作伙伴，由其天猫店直接供货。易聚联盟支持支付宝、银联交易、微信支付，提供"贵就赔"、"假一赔十"、"先行赔付"、"7天无理由退货"、"15天质量问题包邮换货"，帮助创业者成为一个低风险且长期获利的网上商城的拥有者。网络技术的发展让销售越来越精细化，易聚联盟致力于构建标准化的网络营销平台，以帮助更多的个人创业者实现零风险创业，迄今为止，没有一个商城的城主出现过亏损现象。

☞易聚联盟的标准化营销联盟的特色

标准化营销联盟全名：Union of Unify Market，UUM。

UUM的特点是标准化，包括采购标准化、仓储标准化、网页标准化、服务标准化、流程标准化、推广标准化，这能够降低商品从生产商到消费者的中间成本。

UUM的创始人陈易（Jad. Chen）是个十足的标准化的狂热者，他认为"只有标准化，才能量产"不但适用于生产，也适用于营销。虽然客户的性格、经历有差异，但只要营销工具标准化，就会产生快速的"蝴蝶效应"，在一定成功率的条件下大大提高成功量。

近年网络技术的发展为 UUM 的发展带来机遇，在美国，营销工具已经实现高度的标准化。二十年前标准化的大规模生产大大降低了单件商品的生产成本，成就了第二次工业革命；二十年后标准化的全网营销大大降低了推广、仓储、管理等成本，成就了营销革命。

在中国，标准化营销与个人网店的结合，造就了另一次的草根创业潮。个人商城组成联盟，联盟服务个人商城，形成了个人电商的制胜之道。

2012 年，中国标准化营销倡导者"易聚联盟"成立，自 2013 年试运营至今，没有一位城主亏损，全部盈利！

☞易聚联盟社会化营销的特色

最早提出社会化营销这个概念的应该是麦肯锡公司。全球畅销书《社会消费网络营销》的作者拉里·韦伯认为，在线数字营销产业链的角色重构要求传统的互联网平台向社会化方向转型，目前在国内无论是传统的搜索、门户，抑或是 QQ、视频、微博，都越来越表现出超强的社交互动属性。

从满足产品需求的角度，应该说传统的厂商已经开始有意识地借助开放和社交的力量对自身的传统业务进行社会化改造。

易聚联盟可以说是国内应用社会化营销的先驱，通过联合分布全国各地的城主，充分利用各种社交工具，大家一起展示和推广产品，达到口碑分享、共同获利的目的。

☞易聚联盟的核心优势

对于企业而言，易聚联盟是中小企业 O2O 落地的最佳平台。每个企业只要把产品放到易聚联盟商城，销售工作就由易聚联盟来完成，企业只要负责收钱发货即可。产品卖出的同时结算推广佣金，企业只需让利，没有风险。易聚联盟商城遍布全国各地的社区店、展示厅、服务点，并且有千千万万的城主会在线上线下推广销售企业的产品，几乎是一夜之间就可以让企业的产品在全国各地的线上线下全覆盖。

对于加盟商城的城主来说，只要加盟到易聚联盟商城，易聚联盟就为其提供标准装修的商城、标准化采购的产品、标准化的仓储、标准化的销售流程，等等，城主只需要利用自己的社交网络、人脉资源或网推技巧销售商城的几十万种产品，无须店面装修、无须找产品、无须发货，让城主轻松创业，轻松当老板，而且运营费用为零！易聚联盟提供的商城根据功能不同从免费到收费有多种选择，比如收费的商城可以推荐优质供应商并获得其产品销售的佣金等，而且联盟会送出与商城费用等值的抵扣券，城主可以在购物的时候直接抵扣部分订单金额，不限时间使用，实现零亏损创业。易聚联盟提倡兼职开商城、无亏损、无压力创业，经常举办活动，让城主互相沟通、交流、学习，共同成长、共同收益，快乐易聚！

对于买家来说，其在易聚联盟商城上面购买产品，不仅价格实惠、质量有保证、服务在身边，而且可以凭购物积分换取易聚联盟的商城，让买家零成本做城主、做老板，以后在自己的商城消费都能赚到钱，如果愿意花一点时间来经营自己的商城，那么就享有易聚联盟商城城主应该享有的各种权利。

品牌企业如何利用现有的经销渠道快速构建O2O

2014年的微商在经历了大起大落之后，2015年不少知名企业、知名品牌开始大张旗鼓地进军微商，到底品牌企业进入微商该如何规避风险、高效运作，笔者在2014年首创地提出"微商O2O商业模式"的概念，现在总结归纳如下。

☞什么是微商O2O商业模式

微商O2O商业模式是指拥有传统销售渠道的品牌商利用移动互联网思维建立一个微商城，并把微商和O2O进行完美的结合，让品牌商和代理商结盟共赢，从而实现线上做微商和品牌推广，线下做经销和服务的一种创新的移动互联网商业模式，由知名的移动互联网商业模式专家简立明先生研究而成。

☞微商O2O商业模式产生背景

随着智能手机和社交软件的不断发展，2014年，微信、微商、O2O成为人们关注和应用的热点，不少人利用微信平台大肆营销，赚得盆满钵满，但由于没有品牌支撑和质量保证，转眼之间又成为过眼云烟，于是不少有实力、有信誉的品牌企业开始尝试进军微商，结果却发现微商的招商是难上加难。

笔者建议品牌商利用传统渠道的代理商、经销商资源，建立一个独立的品牌微商城，快速构建一个微商O2O营销体系和商业模式。

☞微商O2O商业模式运行方法

第一，由品牌商建立一个独立的微商城，商城可以实现分销和代理两大主要功能。微商城必须具备二级分销提成和多级分销奖励的分配体系，但绝对不能是拉人头越多而提成系数越大，只能是销售业绩越高提成就越高，否则就有可能涉嫌非法直销或传销（现在市场已经有成熟的标准商城，价格在50000元左右）。

第二，召开代理商、经销商会议，讲解微商O2O商业模式，并在会议现场为微商城招商，把所有的代理商、经销商都吸收成为微商的代理商或分销商，再通过分销商招募买家成为次级分销，层层发展。

第三，通过二级分销提成和多级分销奖励的利益驱动，品牌商对传统渠道的销售人员、动销人员、美导老师等分批进行微商O2O商业模式培训，然后再由他们协助代理商、经销商进行微商招商。

第四，微商城的代理板块用于销售线下门店的产品，类似于电商的运行模式。

第五，微商城的分销板块销售线下门店没有的微商专供产品，类似于微信朋友圈营销和直销的运行模式。

第六，条件成熟后，可以通过委托贴牌生产，或者邀请其他品类的供应商入驻商城，不断丰富商城产品品类和产品品牌，打造成一个综合性的商城。

☞微商O2O商业模式特点

第一，品牌商搭建微商城，全国各地的代理商、经销商成为微商的分销商，可以在最短的时间内快速推动品牌商的微商模式成功运行。

第二，微商运行开始之后，等同于全国各地的分销商都在为品牌商做广告宣传，免费提升品牌的知名度和美誉度。

第三，全国各地的代理商、经销商通过把门店的客源引流到商城，可以更加快速提升商城的流量。

第四，代理商、经销商员工可以充分利用碎片化的时间来经营属于自己的微分店，既能提升商城的销量，又能增加员工收益，促进员工稳定。

第五，可以利用微商城为线下门店做促销，也可以利用商城销售门店没有的其他产品，把微商城打造成行业综合交易平台。

第六，让品牌商和经销商、代理商既能做好传统渠道的销售，又能做好商城的销售，实现线上线下的双向繁荣发展。

☞微商O2O商业模式运行条件

第一，必须是拥有代理商、经销商的品牌企业。

第二，产品必须有质量保证，并经得起市场和消费者的检验。

第三，产品最好是日化产品，是每个家庭都需要的快消品。

☞微商O2O商业模式核心优势

微商O2O商业模式是在吸收了微商、电商、直销、线下销售、O2O等销售模式精华的基础上，创新提炼出的一种全新的移动互联网商业模式，可以实现资源整合、多方共赢、快速构建、低风险、高回报（见图8－1）。

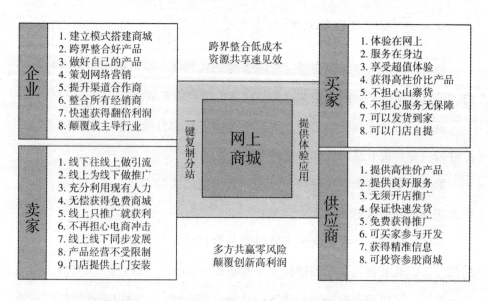

图8－1 传统企业移动互联网商业模式构建解析图

2015 年 8 月，世界日化行业传销巨头安利宣布，利用线下渠道和门店资源向微商 O2O 转型，实现线上线下同步发展。同样是 2015 年 8 月，网曝跨国化妆品企业资生堂在大中华地区实施大批量裁员，显示单一传统渠道或者说单一的线下渠道很难支撑公司持续发展，品牌企业向 O2O 转型、向微商 O2O 转型是必然的趋势。

小结：写给中小企业整合借力的建议

在移动互联网时代，中小企业要致力于整合、借力、跨界、融合、联盟，努力做到以下几点：

1. 积极主动加入商会、协会等组织，充分利用这些组织的政治资源和人脉资源，有能力的中小企业可以推动这些组织发挥资源整合方面的作用。

2. 可以大胆尝试和多个第三方电商平台，或者 O2O 平台展开合作，这样可以拓宽产品的销售渠道，提高产品的曝光率，还可以向这些专业的平台学到更多的经验，获得更多的资讯。

3. 中小企业更应该学会借助第三方平台的力量来快速构建 O2O，实现线上线下的同步发展。

第九章　机遇和挑战
——境界铸就未来之路

在机遇和挑战并存的新形势下，布局O2O的境界决定了企业发展的未来，比如腾讯和阿里巴巴布局O2O的理念差异是前者开放后者封闭，于是有人认为腾讯比阿里巴巴的模式更具有优势，未来发展的空间更大。O2O作为"互联网＋"的新风口，传统企业在做O2O时要把握继承与创新"O2O＋"的未来，不可陷入速胜论或速亡论的思维泥淖，这样才能顺势而为、赢得先机。

"互联网＋"的新风口——传统企业做O2O

在过去的6年里，一提到"传统企业"和"互联网＋"，马上会联想到两者的连接点：电子商务。大家谈来谈去的"电子商务"早已不是什么新名词，电子商务在2014年就已经迎来了发展的巅峰以及趋势的拐点。现在和未来，传统企业的"电子商务"，恐怕要被一个新的说法所替代：在"互联网＋"形势下，传统企业要用O2O模式打造自己的互联网生态。

O2O打造的互联网生态，包容跨境电商、全品类、大数据等多元领域，正在从交易互联网转向产业互联网，是一个全新的互联网＋时代。未来5年，我国经济产业的常态将是商业创新，即传统企业转型的"新常态"。传统企业如果着手准备通过O2O实现转型，大前提是需要更加具有商业创新的精神。

☞传统企业面临的困难与挑战

2015年是传统品牌商业创新元年，而传统企业通过O2O实现转型的困难与挑战也更加艰巨。

一是传统产业价值链盈利危机。传统企业都拥有自己的价值链盈利模式，而该模式正面临互联网和行业后来者的挑战。这种挑战并不稀奇，我们会发现，每个领域都有新的商业模式去挑战原有的盈利模式。比如，在农资流通领域的云农场、生鲜行业的一亩田等，它们以新的互联网平台模式，挑战和颠覆传统的流通和品牌企业。

二是来无影去无踪的消费者。电子商务能在中国发展如此迅速，很大程度上是来自从线下走到线上的那些消费者的功劳。今天，O2O平台和应用端如雨后春笋般出现在消费者身边，消费者又率先从线上走到了场景化。场景化彻底改变了原先的消费方式：从单纯的购物行为，转变为基于位置去消费。对于传统企业来说，如何能接触到随时随地都在变动位置的消费者？营销资源投向哪里？怎样塑造品牌？这些都是迫在眉睫的新挑战。

三是传统企业资源是否还有价值。传统企业在线下积累的渠道、资源、客户、经销商，在向互联网转型的过程中，是否还有价值？不保留是否会带来亏损？如何激活传统产业资源，是想互联网化的传统企业集体面临的挑战。

四是新商业体塑造并不简单。每个传统企业，都希望拥有一个新的儿子：

新商业体。而新商业体的打造却并不简单。按照笔者的互联网转型辅导经验，100家有转型诉求的传统企业，真正意义上会诉诸转型行动的仅有不到10%，真正能够转型成功的只有3%~5%。传统企业需要首先具有真正面对互联网生态的决心和自我革命的勇气，才能在未来的互联网革命中成功。

五是缺乏产业和互联网思维的复合团队。传统企业互联网生态重塑最重要的痛点，是团队和组织需要重塑，需要具备有互联网和产业思维的复合团队和合作伙伴。传统企业最容易犯的错误是，用简单的产业思维和原有的商业思维去管理互联网的商业模式；或者盲目迷信互联网思维，以上两种都会带来互联网生态构建的失败。

☞传统企业构建互联网生态的三大战略

针对上述困难与挑战，传统企业在构建自己的互联网生态转型过程中要构建两个生态，并为此采取三大战略。

传统企业到底怎么构建自己的互联网生态？简单来讲，有两个生态需要构建：一是企业内部生态。这个生态主要指企业要为新的商业体孵化企业内部的软环境，塑造新的团队、资源、管理意识、管理系统、技术平台。这实际上是企业内部第二次创业的新平台。二是企业外部生态，即企业外部互联网平台。传统企业在数据服务、金融服务、仓储、物流等领域没有能力完全由自己重塑，完全构造一个新的商业体。如今可行的方法是，找到符合自己商业模式规划的合作伙伴和生态体。这两个生态是互联网生态体系构建所必需的。

传统企业构建互联网生态应该采取三大战略：B2B平台生态战略；消费者服务创新战略；大数据和系统战略。

第一，B2B平台生态战略，由包括云计算等在内的云层、解决交易的网层和运营服务的端层所构成。B2B 平台的模式一般来说会通过金融服务、交易便利性、物流服务、平台增值服务等平台价值，集合平台交易合作伙伴，构造出不同于产业价值链的交易模式，B2B 平台具有交易规模大、生态主体多、主体多赢的生态特性。因此，当成功的平台战略在细分产业领域落地，会产生出极大的互联网规模效应。这些模式重塑会带来流通效率的极大提高和金融革命。B2B 平台生态战略会发生细分的垂直产业领域，比如汽车、原材料、农业、生鲜等。

参与平台生态战略塑造的企业包括三大类：第一类是纯互联网的企业，往往由互联网创业团队或跨界的团队构成，它们用不同于产业思维的创新思维，更快速地塑造了互联网生态体系，快速整合后端的产业资源，它们的特点是更具有互联网思维和互联网实战技能，但缺乏实业内的产业资源，面临着撬动产业资源的难题；第二类是传统的流通企业或经销商，由于见证了消费品领域电商平台成功颠覆了传统线下的渠道，因此，在 2B 领域，传统的流通企业和经销商对于自身的生存有强烈的危机感，从 B2B 平台塑造角度来看，流通企业和经销商拥有上下游的供应商和渠道商，其又具有成为平台企业的天然的位势，但传统流通企业和经销商面临着传统线下生意的"双刃剑"，因为新平台模式会伤及传统的线下生意，同时，缺少具有互联网思维和经验的操盘团队；第三类是上游的品牌和产品供应商，互联网提供了低成本管理终端的技术手段，品牌和上游供应商都极力地推行渠道一体化策略，缩短原有的渠道流通体系和层级，通过掌控终端积累出用户数据资产价值，进行交易、数据、金融服务的商业创新。这类企业的 B2B 平台战略更围绕原有渠道交易电子化为中心的新商业创新，其变革的阻力来自原有经销商和流通渠道的阻力，同样互联网的操盘团队是这类企业的短板。

因为涉及上述方方面面，所以对于传统企业来说，平台建设是一个系统工程,需要合理的商业模式,靠谱的运营体系规划和运营团队,而这些恰恰是传统企业自身无力构建的。因此,传统企业需要以开发的心态,积极"拥抱"传统企业的互联网合作伙伴。

第二,消费者服务创新战略,主要适用于提供服务和产品给终端消费者的品牌企业。在传统渠道时代,这类企业基于4P管理框架,通过广告、渠道加盟代理等模式传递最终产品和服务给消费者;在电商时代,这类企业通过线上、线下两种渠道,不同的促销和营销方式,差异化的产品满足两个渠道不同人群的需求;在移动场景消费时代,消费品企业需要基于消费者的位置和场景需求,提供及时、匹配的产品和服务给消费者。

传统企业完成消费者服务创新战略需要构建三大能力(见表9-1)。

表9-1 传统企业服务创新战略的三大能力

能力	内容
全渠道的O2O服务体系	传统企业要构建完成线下渠道、线上渠道、微商渠道、企业金渠道会员管理体系的全渠道布局,提供无缝的消费者服务O2O体系
大数据的产品创新	针对消费者的续期和痛点挖掘,通过数据和电商销售测试和营销推广,打造全渠道的销售爆品,通过爆品拉动整体品类的扩张和增长
全网的场景化营销	针对不同渠道和痛点的消费者场景化营销和推广会员管理体系,通过会员生命周期管理,最大限度地管理会员的生命周期

对于传统企业来说,构建能够服务消费者创新战略的平台,是一场传统企业能力的变革,借助于互联网的合作伙伴,传统企业可以加速这一进程。当然,这场变革有清晰的窗口期,如果变革失败,传统企业将丧失消费者服务领地的机会,沦落为产品制造代工企业,因为真正消费者服务的流量入口是有限的,而这一领域的互联网企业或淘品牌企业具有得天独厚的粉丝营销能力,相比B2B的产业比例,消费品产业后端的产业门槛较低,因此,传统

企业面临着互联网企业巨大的挑战。

第三，大数据和系统战略，这是传统企业变革的必然途径和结果。大数据战略颠覆了传统的统计和社会学研究方法，从模型预测到数据预测，数据资产商业化广泛应用于各个领域。对于传统企业来说，大数据应用的领域包括改善应用链、大数据营销、大数据电商运营等，通过数据分析我们还能发现我们所谓的潜在价值市场，以及改造线下的门店和渠道等。传统企业的大数据战略首先要实现管理和经营数据化，把现有业绩和管理经营数据化；其次，建立企业的数据资产，实现消费者 CRM、交易数据等信息化；最后，学会经营数据，应用数据去改善和创新企业管理的价值洼地。

系统平台也是任何传统企业互联网生态变革必须搭建的平台。传统企业的系统平台实现的是企业流程管理的信息化；而互联网的系统平台，则是一场业务需求快速产品化的迭代过程。借助系统平台，传统企业拥有与竞争对手抗衡的、有形的流量和营销的触点，并实现金融、数据和交易的整体规模价值。所以，系统平台对于企业互联网战役的成功至关重要。建立互联网系统平台的过程，要避免简单外包和盲目自建，应结合业务的需求，加强互联网产品需求的管理，通过内部合理自建和外部合作的形式，建立企业系统产品开发和管理能力。

虽然 O2O 是 "互联网+" 的新风口，但并不是站在风口就能飞起来的。也就是说，传统企业在互联网生态中，将会面对非常复杂和专业化的竞争。在竞争的过程中，传统企业要了解自身的核心竞争力，把自身最具优势的一件事做好。想突出重围，归根结底要把握好以下三点：一是重塑思维理念；二是正确规划商业模式，找到利基市场；三是找到与自身契合的合作伙伴。总之，O2O 应该更多向生活场景扩散，开辟新的市场 "蓝海"。

O2O 的未来——继承与创新的 "O2O +"

不可否认，把商品塞到箱子里送到消费者面前，这个市场已经成熟。早在 2010 年，网上购物销售额就已经达到 5000 亿元，网购用户人均年投入 2400 元。这个市场还有很大的潜力，但进入门槛已经很高了，从创业者到资本市场都在寻找电子商务的下一个模式。

我们发现，服务业的 GDP 占有率比制造业（生产那些能塞到箱子里的商品）高，在未来的 5 年，国家将进一步提升服务业的 GDP 占有量，如果把商品塞到箱子里送到消费者面前的网上销量有 5000 亿元，那么生活服务类的网上销量会达到万亿元。

我们还可以发现，生活服务类商品在团购上更容易被消费者接受，事实也证明这种在线支付购买线下的商品和服务，再到线下去享受服务的模式很快地被接受。而且我们的团购平台从一天一款到一天多款，从一款卖一天到一款卖多天，从团商品到团服务，从一个城市辐射到全国。团购作为非常态下的电子商务形式，一定会趋向于商品多样化，最终走上生活服务类折扣商城的形式。

☞O2O 目前的发展问题

在当前，O2O 还存在以下两个方面的发展问题：一是对 O2O 经营模式理解不到位。拥有大量优质商家资源是 O2O 经营者的巨大优势，但是有时候为了获得商家资源，O2O 经营者会降低对商家的资质审核，即使一些知名的团购网站也会曝出商家资质的问题，造成很多损害消费者利益的不良后果。究其原因，固然是因为团购网站对商家资质审核不够严格，更重要的，还在于其对O2O经营模式理解不到位。有些团购网站为了提升用户数量，扩大经营领域，不断在全国扩张，结果固然能够为消费者提供更多的产品和服务，但是却无法保证这些产品和服务的质量。O2O本身是非常强调本地化经营的商业模式，在某个区域内做精做透，这样才能长久地维持客户。对于O2O用户来说，他们需要的并不是远距离的物品输送，而是在近距离的线下商店的购物或服务体验。如果O2O经营者无法把握住这一点，就一定会在经营中发生策略上的失误。二是O2O发展模式千篇一律。O2O的盈利模式相对清晰，但是也容易造成发展模式的千篇一律。团购网站就是典型案例。国内团购的发展是一哄而上，小本经营，用相同的模式圈钱，最终造成所谓"千团大战"，同质化竞争太过严重，以至于团购行业的"冬天"提前到来。O2O经营者也不应仅限于提供一些表层次、低技术的服务，还应考虑挖掘更具潜力、更具竞争力的业务模式。在经营思路上，O2O经营者也不能仅仅锁定低价路线，而是应当借助自身的媒体优势，帮助商家挖掘一些增值业务。很多商家并不是没有推出多元化的业务体系，但是因为宣传不到位，这些服务没有获得用户。此时，O2O经营者就可以同商家通力合作进行多元化业务的开发。

尽管如此，O2O的发展空间还是十分广阔。在传统电子商务中，快递可以给你送来从网上买到的商品（B2C电子商务＋物流），却送不来服务的体验——我们生活中许多商品和服务必须到店消费，比如餐馆、台球厅、酒吧等，这些服务才是我们平时消费的大部分。O2O模式却可以把这些服务通过网络"快递"给你。对于台球厅、理发店这些服务商来说，增加一些顾客不会增加太多的成本，却能带来更多的利润。因此，实现线上虚拟经济与线下实体经济的融合，具有广阔的市场空间。

☞O2O 未来格局

未来的 O2O 将是一种多层次、多维度的复合生态体系，不断向多元化和纵深化发展，比如会演变出平台型、外包型、直营型、合作型、区域型、垂直型等多种形态。它们之间虽然不会完全消除竞争，但更多的是互补与合作，即一种共生共赢关系。

O2O 具有典型的区域性特点，主体业务是基于实体商业的，因此，在本质上跟实体商业没有太大的区别，相互间是一种对应关系。类似于传统领域里面的专业化营销服务机构，这就决定了它也将会像实体商业一样"百花齐放"，很难出现"一统天下"的局面，虽然也将会有"巨无霸"级的企业存在，但"巨无霸"不等于"一统天下"，细分领域的龙头会有很强的竞争优势，换言之，只在体量上有大小之分，但没有绝对意义上的强弱之分，强弱一定是分领域的，比如，苏宁是最大的家电零售商，但并非在每一个城市都是最强的。也就是说， 家企业可能会拥有多个单项冠军，但很难成为全能冠军。因此，O2O 未来是多种形态共生共存。这是商业的自然规律，是有利于整个商业生态健康的，有过传统商业从业经历的人对此会有深刻的感受。另外这也有利于促进创业和就业。

如果把上十年的从业者称为第一代网商，把下一个十年的从业者称为第二代网商的话，第一代网商大多是互联网人，侧重于"在线消费"，而第二代网商可能会有更多的传统商业从业者加入进来，他们更侧重于"在店消费"，将原有的现付转化为预付，即时消费转变为预订消费。计划性的增强有利于降低成本并减少资源闲置和浪费，从而让消费者得到实惠，商家的收益得到增加，实现双向收益，化解了买卖双方的利益矛盾问题。

如果把团购作为一个行业来看的话，O2O 则是一种模式，它超越了行业的概念，几乎涉及各行各业，所以它带动的是整体的商业生态的创新和转型，它的价值不仅体现在消费终端，而且还会让产业链结构得到优化。传统的业务模式往往以本企业为中心，单赢较多，获取的收益往往以牺牲业务链上某一方或多方的利益为代价，因此与上下游之间存在一定的利益矛盾，有赢家也有输家。而O2O模式让企业运营从单赢走向多赢，不仅使本企业受益，还让其上下游共同受益，实现全业务链的共赢，几乎没有输家。因此比多数模式都更趋近于完美。

☞从O2O到"O2O+"

2014年8月18日，支付宝宣布与上海市第一妇婴保健医院共同搭建移动医疗服务平台，推出"未来医院"计划。有评论称，互联网企业和传统企业在摆脱了对O2O理解的误区之后，找到了新的打造"互联网+"商业模式的突破口。对O2O理解的误区就是，片面地认为O2O的边界具有天然局限性。事实上，近年来O2O已经从原来的零售和餐饮等本地化生活服务全面扩展到整个第三产业，形成了诸如互联网金融、互联网交通、互联网医疗、互联网教育等新业态，而且正在向第一产业和第二产业渗透。比如2014年8月12日，中石化宣布，中石化覆盖全国的加油站便利店网络将与顺丰速运的物流网络相互连接，联手拓展O2O等新兴业务。根据协议，双方将主要在O2O业务、油品销售、物流配送、交叉营销等领域开展三方面业务合作。

O2O的边界不断扩张表明，"O2O+"不仅具有强大的落地可操作性，更是互联网改造传统产业的一把"利器"，即"互联网+"的突破口。一方面，"互联网+"强调把传统行业与互联网链接起来，通过互联网强大的组织效率与创新能力改造传统行业，尤其是制造业，并将互联网与工业、商业、金融业等服务业的全面融合，实现创新驱动。另一方面，传统产业在面临

"互联网＋"大潮时，普遍面临着把硬件变成服务，把功能变成体验，把用户变成粉丝的艰难转型。

那么，何为"O2O＋"？顾名思义，"O2O＋"即O2O模式与其他模式的有机结合，包括B2C、C2B、P2P以及F2C等模式。与宏观性的"互联网＋"不同，"O2O＋"更具微观性，多被广大中小创业者公司所青睐。虽然混合模式"O2O＋"在创业者群体中极为盛行，并得到普遍应用，却很少引起社会广泛关注。

"O2O＋"作为一种混合模式，抑或能够被提升为一项基本战略。具体来说，它包括以下几种形式。

一是"O2O＋B2C"，即通过在线下载优惠券去线下卖场使用。有人认为O2O始于零售业。O2O对传统零售业的改造作用不仅体现在其巨大的破坏性冲击力量上，更体现在电商巨头们纷纷入侵线下零售的"O2O＋B2C"模式。这也解释了部分人士对O2O的质疑，即认为O2O是个伪命题，因为零售商的终极目标是泛渠道。

随着2014年京东、阿里巴巴等电商巨头相继上市，传统百货零售业进一步式微，并且日益面临着被前者渗透蚕食的危机。2014年年初，阿里巴巴、京东以及腾讯等巨头均密集发布O2O战略，即"O2O＋B2C"战略：刘强东将O2O看作是京东2014年最重要的五件事之一，寻求与线下超市便利店合作；腾讯电商CEO吴宵光坦言PC端流量已日薄西山，腾讯将借助于微信，通过切入信息流和资金流将O2O作为一种生态来打造；阿里巴巴也整合多个项目小组切入O2O，同时与线下银泰百货实体店进行更紧密合作；苏宁早在2013年就推出"苏宁云台"，开放店面、金融、IT等资源服务，实现将苏宁实体店铺平台、电子商务平台和物流数据等底层平台打通开放，将B2C与O2O融合创新，推动线上线下零售无缝结合。事实上，"O2O＋B2C"也适用于其他行业。比如在汽车保养和旅游租赁行业，途家网和途悦网均通过与线下实体店合作，采用统一管理的方式，不断摸索"O2O + B2C"混合模式。

二是"O2O + C2B"，这适用于用户需求多样化、定制化明显，强线下体验性，并在短时间内无法在线上实现标准化、规模化效应，需要借助于线上线下一体化的行业领域。

由于农业电商发展迟缓以及生鲜产品的特殊性，国内生鲜市场坐拥千亿市场，却几乎普遍亏损。生鲜保质期短、保存不易、用户消费习惯多样化、对物流配送的条件要求严格等特点，令生鲜市场短时间内难以实现纯线上标准化、规模化发展。在现有物流与冷藏技术等前提条件下，生鲜电商，乃至整个农产品电商发展的突破口可以集中到聚焦用户需求上，将创新方向从 B 端转移到 C 端，即"O2O + C2B"混合模式，代表案例有美国生鲜电商"Farmigo"，英国超市 Argos，国内的日日鲜、康品汇等。另外，尚品宅配在个性化需求明显的家具行业也对"O2O + C2B"进行了卓有成效的应用。

三是"O2O + P2P"，又称"共享经济"。由于国内外社会发展的巨大差异以及国内信用体系的不完善，纯线上的 P2P 模式并不适用于国内，"P2P + O2O"混合模式才是最契合互联网界的最佳模式。据统计，目前"O2O + P2P"在国内大致有四种模式（见表 9 – 2）。

表 9 – 2　国内"O2O + P2P"的四种模式

模式	含义
担保小贷模式	与担保或者小贷公司合作，由对方提供项目。如有利网等
分公司模式	自建团队并在全国各地开设分公司保证项目来源和持续性。如红岭创投
商圈模式	以一个核心企业为枢纽围绕其上下游企业的融资需求而产生的企业经营贷款，深耕 O2O 模式的商圈贷。如积木盒子等
加盟模式	根据一定的资质标准，类似于传统行业的加盟模式。如翼龙贷

如今，以"长尾理论"为支撑的"O2O + P2P"模式正在国内本地化生活服务 O2O 市场掀起一场新的产业革命，涵盖租车、房产、旅游、物流、按摩、婚庆等衣食住行用市场。这类市场普遍具有一系列特性：市场需求量大、从业人数众多、行业门槛较低、服务时间碎片化、个性化需求明显等。

四是"O2O + LBS"，也被称为 3.0 电商模式。是指通过电信移动运营商的无线电通信网络或外部定位方式，获取移动终端用户的位置信息，在 GIS 平台的支持下，为用户提供相应服务的一种增值业务。LBS 由移动通信网络和计算机网络结合而成，两个网络之间通过网关实现交互，在娱乐游戏、旅游、生活服务以及社交中广泛应用。

LBS 不仅与 O2O 存在天然共性，更将 O2O 服务带入移动互联网时代。LBS 覆盖率高和定位精准的特性，恰恰弥补了 O2O 模式目标市场模糊、营销定位不精准等不足。目前，"O2O + LBS"混合模式已经形成清晰的盈利模式：通过平台上的广告获得营收、分销并通过差额交易获得营收、从团购商家获得分成以及与团购网站分成四大稳定的盈利途径。未来，"O2O + LBS"混合模式将会逐渐向社交领域渗透。另外，"O2O + LBS"混合模式也是中外 LBS 模式的主要区别之一。LBS 鼻祖 Foursquare 初期盈利主要通过两大途径：商业广告收入和统计信息销售收入，完全集中在线上层面。作为一个世界级平台，尽管 Foursquare 累积数以亿计的信息和用户，却从未把如何拓展和经营线下商户资源放在战略重心；而国内 LBS 企业及其业务则主要是基于开发 O2O 与线下业务，如大众点评网、百度地图、微信等。

五是"O2O + F2C"，就是要推出新一代的社交型电商，其本质是让每个人的交易体验能够互动起来，通过无边界的 F2C 平台，实现网络与实体无边界融合。O2O + F2C 模式强调"每一个人"的无边界互动，包括互动体验、互动社交、互动消费、互动销售、互动创业，每一个人就是流量产生点，就是消费点，这些点串联在一起就会产生巨大的商业价值。

由于服务优质、前景广阔，F2C模式借助于互联网与在线支付得以迅速流行。但受发展阶段所限，F2C模式厂商还无法提供并保障完美的用户体验，因而短时间内还无法完全离开加盟商和实体店，同时消费者也需要进行线下体验，并要求厂商进行一系列线下认证、银行信用担保、保险公司风险担保等。这决定了现阶段国内"O2O + F2C"混合模式的必然性。目前"O2O + F2C"较多地流行于品牌公司，如欧丽莱、魅族、北斗星手机网、宜家、迪卡侬、乐豪斯、ZARA、H&M等。据悉，欧宝丽陆续与中国各大银行紧密合作实现信用担保；TDiam钻石则提供购钻双重保障。

从上面的论述不难看出，传统企业"拥抱"互联网应该具备O2O视角，而O2O离不开互联网，因此传统企业要做好O2O，首先要具备互联网思维，才能在这场没有硝烟的战争中拔得头筹。

众筹模式——能筹资金也能推品牌

众筹翻译自国外"Crowdfunding"一词，即大众筹资或群众筹资，由发起人、跟投人、平台构成。具有低门槛、多样性、依靠大众力量、注重创意的特征，是指一种向群众募资，以支持发起的个人或组织的行为。一般而言是透过网络上的平台联结赞助者与提案者。群众募资被用来支持各种活动，包括灾害重建、民间集资、竞选活动、创业募资、艺术创作、自由软件、设计发明、科学研究以及公共专案等。Massolution研究报告指出，2013年全球总募集资金已达51亿美元，其中90%集中在欧美市场。世界银行报告更预测 2025 年总金额将突破 960 亿美元, 亚洲占比将大幅增长。

众筹是指用团购 + 预购的形式, 向网友募集项目资金的模式。众筹利用互联网和 SNS 传播的特性, 让小企业、艺术家或个人对公众展示他们的创意, 争取大家的关注和支持, 进而获得所需要的资金援助。

现代众筹指通过互联网方式发布筹款项目并募集资金。相对于传统的融资方式, 众筹更为开放, 能否获得资金也不再是由项目的商业价值作为唯一标准。只要是网友喜欢的项目, 都可以通过众筹方式获得项目启动的第一笔资金, 为更多小本经营或创作的人提供了无限的可能。

☞众筹模式简析

众筹模式类型如图 9 - 1 所示。

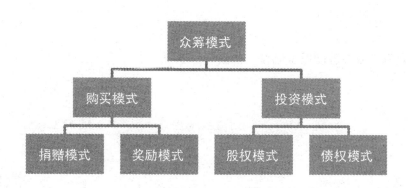

图 9 - 1 众筹模式类型

在图 9 - 1 中, 债权众筹 (Lending - basedcrowd - funding), 即投资者对项目或公司进行投资, 获得其一定比例的债权, 未来获取利息收益并收回本金。

股权众筹 (Equity - basedcrowd - funding), 即投资者对项目或公司进行

投资，获得其一定比例的股权。股权众筹从是否担保来看，可分为两类：无担保的股权众筹和有担保的股权众筹。无担保的股权众筹是指投资人在进行众筹投资的过程中没有第三方的公司提供相关权益问题的担保责任。目前国内基本上都是无担保的股权众筹。有担保的股权众筹是指股权众筹项目在进行众筹的同时，有第三方公司提供相关权益的担保，这种担保是固定期限的担保责任。但国内目前只有贷帮的众筹项目提供担保服务，这种模式尚未被多数平台接受。

回报众筹（Reward - basedcrowd - funding），即投资者对项目或公司进行投资，获得产品或服务。

捐赠众筹（Donate - basedcrowd - funding），即投资者对项目或公司进行无偿捐赠。

☞众筹流程

众筹一般要遵循以下流程。如图9-2所示。

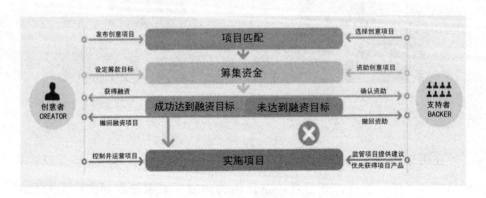

图9-2　众筹流程

一般众筹平台对每个募集项目都会设定一个筹款目标，如果没达到目标钱款将打回投资人账户，有的平台也支持超额募集。

股权众筹——投付宝

投付宝，其原理和支付宝的担保交易很像。如图9-3所示。

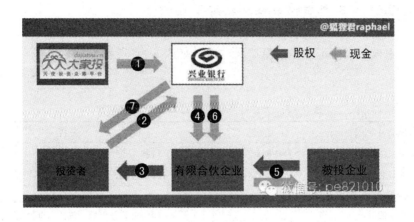

图9-3 投付宝原理示意图

深色箭头表示股权，浅色箭头表示资金。

❶"大家投"委托兴业银行深圳南新支行托管投资资金。

❷投资者认购满额后，将钱款打入兴业银行托管账户。

❸大家投协助成立有限合伙企业，投资者按出资比例拥有有限合伙企业股权。

❹兴业银行将首批资金转入有限合伙企业。

❺有限合伙企业从兴业银行获取资金后，将该资金投入被投企业，同时获得相应股权。

❻兴业银行托管的资金将分批次转入有限合伙企业，投资者在每次转入前可根据项目情况决定是否继续投资。

❼若投资者决定不继续投资，剩余托管资金将返还给投资者，已投资

金及股权情况不发生其他变化。

❽投资者可自主选择是否愿意担任有限合伙企业的一般合伙人（General Partner，GP）。

☞国内两家具有代表性的众筹平台简介

大家投、天使汇基本信息情况对比（如表9－3所示）。

表9－3　大家投和天使汇基本信息情况对比

对比项目		天使汇	大家投
项目定位		科技创新项目	科技，连锁服务
项目融资时限		30天，允许超募	没有限制，不允许超募
项目资料完善与估值		领投人协助完善项目资料与确定估值	平台方协助完善项目资料；估值先由创业者公开报价，议价由领投人负责
投资人要求		要求有天使投资经验，审核非常严格	没有限制要求，不审核
领投人规则	资格	至少有1个项目退出的投资人方可取得领投资格	有一定工作经验即可
	激励	项目创业者1%的股权奖励；跟投人5%～20%的投资收益	只有项目创业者的股权奖励，具体激励股数不限制，由领投人与创业者自行约定
	费用	平台收取投资收益的5%	无任何费用，投资收益全归自己
跟投人规则	资格	尚未具体公布	没有任何限制
	费用	平台收取投资收益的5% 领投人收取投资收益的5%～20%	无任何费用，投资收益全归自己
投资人持股方式		投资人超过10人采取有限合伙 10人以下采取协议代持	全部采取有限合伙
投资款拨付		一次性到账，没有银行托管	可以分期拨付，兴业银行托管

对比项目	天使汇	大家投
手续办理	提供信息化文档服务	提供所有文档服务与所有工商手续代办服务，还提供有限合伙5年报税与年审服务
平台收费	平台收取项目方5%的服务费；收取投资人投资收益的5%	只收项目方5%的服务费；对投资人不收取任何费用
项目信息披露	非常简单，没有实现标准化	完全实现标准化，要求项目信息披露非常详细（创业者可以设置：投资人查看项目资料需经创业者授权）
总　结	专业投资人的圈子内众筹，草根参与较难	门槛较低，草根投资人容易参与

众筹模式的兴起，解决了很多创业者资金不足的问题。而在当前万众创新的浪潮中，很多创业者通过众筹模式不仅能"筹"资金，更能"筹"粉丝、"筹"品牌。在这方面，大家种农业众筹平台推出的"大家种"可以说是一个典型的成功案例。现在，就让我们来看看他们是怎么做的吧！

"大家种"是一个为用户直接向农场预购农产品提供的平台，属于农业众筹范畴。农业众筹的通常做法是，农场作为项目的发起方，在众筹网站上发起一个项目，大家先众筹资金，之后农场根据需求进行种植，等农产品成熟了，再进行配送，直接送到用户的手里。与普通的农业众筹网站相比，"大家种"不仅注重资金的筹集，更注重品牌的输出和传播，而后者更有特色。

☞ "大家种"打破用户与农户间壁垒的运营模式

现实中，用户与农户之间又高又厚的壁垒，加之食品安全事件频发，倒逼健康饮食观念深入人心，都市家庭对新鲜健康的生鲜食品有很大需求。此外，伴随着现代化农业理念的普及，城市周边的农村也开始出现大面积的有机或生态农场，按照有机标准批量生产健康的果蔬，同时也增添了一些现代农业设施，供参观、游玩、学习。看似匹配的供求关系实则有很大的不对称性，供求双方谁也找不到谁，利润都被中间倒卖环节抽走。如何打破农户、农场和都市家庭的壁垒，实现利益最大化，正是大家种解决的问题。

大家种的运营模式打破了用户与农户之间的壁垒。对于用户，大家种为其寻找并推荐健康安全的农场；大家种的平台让农场的生产过程完全向用户透明，大家种推荐的产品一定具有非常高的性价比；用户对于农场，大家种为其提供预售的平台，为其产品树立品牌效应；为农场提供直达消费者的机会。

大家种网始终坚持"自然、绿色、健康、透明"的原则，让城里的用户最放心、最快捷地认种到适合自己的农场，订购到属于自己的菜园，也让农业从业者最有效率地将自己的优质农场和农产品第一时间推荐到终端消费者面前，这样有效地整合了农场主、农场资源、城村物流商、城市消费者等资源，为农业从业者和城市消费者提供了一站式解决方案。

☞大家种的树立品牌、聚拢粉丝之道

树立品牌才能提高农产品的含金量，如今被奉为农产品营销教科书的"褚橙"就在于成功地树立了品牌，引来拥趸无数，粉丝效应持续发酵，农产品单价和销量随之水涨船高，进而形成一条品牌、单价和销量良性循环的产业链。

农业众筹实际上就是一个低成本、低门槛的营销方式，通过众筹模式来获取用户。大家种就是一个都市家庭与农户、农场对接的平台，利用有限的

资源去无限展示、放大农场和农场的产品。在这个地方真正要实现的就是吸引用户，树立品牌，建立自己的粉丝团，或者说用互联网去找到种子用户。

大家种的盈利点就在于更深层次的推广和营销服务，农场在大家种网站上发布项目是免费的，但如果农场需要大家种策划和推广品牌和产品，这是要收费的。比如有家农场专职生产技术方面的工作，但在产品营销和品牌推广上并不擅长。他们希望能在大家种网上吸引一些用户，并开拓一些市场。如果大家种经过调研觉得产品不错，就会为其量身定做一系列的包装策划和运营推广方案。推广手段也多种多样，例如线上微博、微信互动，线下试吃体验等，都是成本低且效果好的互联网营销策略。

大家种的农业众筹一方面是在社会化地筹资，另一方面就是在低成本地树立品牌，有品牌的东西才会受到消费者追捧。当供不应求时，产品才会有更高的单价。举例来说，到消费者手里 20～30 元的生鲜产品，在农场只卖到 5～8 元，在整个流通环节中，农场可能是付出辛苦和劳力最多的一方。只有当产品有了一定知名度后，这种局面才会改变。因此，大家种坚守的宗旨是：树立品牌、聚拢粉丝才是王道。

微商的现有模式及未来发展预判

微商，是企业或者个人基于社会化媒体开店的新型电商，是基于微信生态的社会化分销模式。从模式上来说，基于微信公众号的微商称为 B2C 微商，基于朋友圈开店的称为 C2C 微商。这一点，微商和淘宝一样，后者既有天猫平台（B2C 微商）也有淘宝集市（C2C 微商）。所不同的是微商基于微信"连接一切"的能力，实现商品的社交分享、熟人推荐与朋友圈展示。从微商个人流程来说，微商主要由基础完善的交易平台、营销插件、分销体系以及个人端分享推广微客4个流程部分组成。

微商最大的好处在于沉淀用户，实现分散的线上线下流量完全聚合。事实上，微信的原点是社交而非营销工具，这就决定了微商比传统电商更能精准找到用户群和互联大数据，从而大幅提升企业服务和订单量。对企业而言，微商是去中心化的电商形态。淘宝是 PC 时代的产物，大多数传统零售企业在淘宝基本不赚钱，而且面临如何沉淀用户等难题。一方面，无论是 B 店还是 C 店，为商家带来订单的用户属于淘宝平台，并非商家所有；另一方面，用户主要通过搜索完成下单，商家缺乏与用户直接沟通的渠道，无法了解用户的真实需求。

微商模式最大的好处便是将 N 种渠道所接触的客户通通汇聚起来，形成一个属于企业自己的大数据库，从而实现个性推荐、精准营销。而微信是一个绝佳的客户管理平台，将各渠道的客户汇聚进来后便能实现畅通无阻的通道模式，直接消除了一切中间障碍，商家在公众号上就能和消费者建立直接的联系。

☞微商与"朋友圈卖货"

为了正确定义微商，需要了解和认识微商与"朋友圈卖货"的情况。

微商绝非简单的朋友圈卖货。单纯的"朋友圈卖货"在产品的质量、品类的选择，以及物流、维权等方面几乎为零，充斥着大量非法暴力的"三无"产品，这批人只是借助了早期朋友圈的红利并进行过度的开发从而一炮走红，C2C 发展到最后都会面临洗牌。他们借助朋友圈入口的第一波红利迅速致富，由于这种代理分销的裂变效应和低门槛、零成本式的病毒营销，微商在朋友圈内如雨后春笋般大量涌现，因此朋友圈形成了最早的微商 C2C 雏形。

在微商模式下，朋友圈只是 C2C 阶段的一个方面，微商 C2C 在产品的质量、品类的选择，以及物流、维权等方面均交由 B 端货物供应者（包括厂商、供货商、品牌商）来解决。当消费者使用企业的产品后，发觉价格、效果均不错，可以通过企业统一搭建的微信商城入口申请成为微客，微客可以分享商品链接到朋友圈、微博、QQ 空间等社会化媒体上，实现基于熟人推荐方式的裂变式分销。同时，每一件由微客销售的商品，均可获得一定的分佣——"优质正品＋分佣奖励"双重机制激发微客的分享动力。

随着微信官方对朋友圈恶意营销的严厉打击和用户对微商广告的深恶痛疾，新的移动电商平台的崛起使"朋友圈卖货"必将走向消亡。新的移动电商平台，是基于零售行业全渠道电商整体解决方案的平台，将社会化媒体和移动社交的分散流量聚集起来，利用微客（个人）的力量帮助供货商（有稳定货源的品牌商和制造商）和分销商（有团队有实力的代理商和门店）等分销产品，并帮助企业实现线上线下互通、去中心化流量聚合、用户沉淀等。

☞微商现有的发展模式

"微商"这股旋风的兴起很容易让人联想到"互联网思维"崛起时，小米的成功让那些质疑者深信"互联网思维"的重要性，虽然微商既没有互联网大佬和小米这样的优秀企业为其背书，也没有特别的案例，但经过这几年的经营，微商也形成了自己的模式。

通过观察和总结，基于微信的微商现有的发展模式主要有以下三种：

一是自营。简单来说就是自己卖产品，多劳多得。这种形式以淘宝迁移过来的卖家颇多，他们有一定的经营经验，熟知朋友圈的运营技巧，在淘宝上也积累了一定的客户群，借助微信只是为了多一个推广平台。他们会建立自己的公众号，时常与好友们分享自己的销售经验，偶尔打打广告、发发福利，与微友们建立关系。

二是找代理、做分销。为什么微商如此遭人反感，很大一部分原因是由这批人造成的。他们或用不同的微信号冠以美女的图像广泛加人、暴力刷屏，或在不同的社交平台及 BBS 上铺天盖地发广告，更有甚者还会利用群发功能一键群发、一键推送，以骚扰的形式强制让你的朋友看你的产品。有时候产品可能没卖出一件，找上门来的代理却不少。层层压价、层层代理，久而久之，一个变两个，两个变四个，朋友圈就这样被污染了。

三是营销培训。记得微信刚出来的时候就有"半吊子"的营销人士打着微信的旗号四处招摇撞骗，各种营销兵法、秘籍武器横行其道，什么"月入百万"、"微信创业"等各种利益诱惑不绝于耳。虽然官方一再强调微信不是营销神器，但是热衷于煽风点火的营销人士怎么会错过如此绝妙的时机呢？比如"错过 10 年的淘宝，错过 5 年的微博，你还会错过微信吗……"等鼓动性甚至煽动性语言。随着大家对微信认识越来越深刻，"忽悠"的成本越来越高，营销培训越来越难以为继了，"大师"们开始渐渐隐退。

纵观以上几种发展模式，微商如火如荼的主要原因在于：一是准入门槛低。只要有一部手机，注册一个微信号即可操作。二是零成本营销。对于一些大学生和准妈妈来说，微商为他们开辟了新的生财之道。三是口碑传播快。如果你的人品还不错，身边又有一批热爱购物的朋友，那么这种传播效应不亚于病毒营销。但在火爆的背后，不少人也开始意识到微商越来越难做了，不是被屏蔽就是被吐槽，每在朋友圈刷一次广告屏就等于将自己的信誉度透支一次。久而久之不是粉转路人就是粉转黑了。

☞对微商未来发展的预判

光靠朋友圈的暴力刷屏、微信上的你来我往，缺乏完善的交易体系和信任机制，微商的前路越来越难。朋友圈的红利被消耗殆尽，一大波微商徘徊在十字路口。他们将面临怎样的抉择，会以怎样的方式存在。在想象各种可能后，我们认为未来的微商将会以以下四种形式发展：

一是以 C2C 为主的个体商户。淘宝培养了顾客在 PC 端的网购习惯，微信培养了用户在移动端的社交（分享）习惯（购物习惯正在慢慢形成）。如果说淘宝开启了全民网购的时代，那么微信就开启了全民开店（微商）的时代。微信让自商业成为一种可能，一个既是买家又是卖家的移动购物时代已经到来。虽然微信电商一直不被外界所看好，但是在所有的移动电商平台上，基于微信的试错成本是最低的。目前这部分群体是最大的，随着微信功能的进一步完善，这部分人将会形成一个庞大的联盟体，时刻待以爆发。

二是以 B2C 为主的品牌卖家。这种方式是所有平台方和第三方最为看好的微商发展模式。不管是以京东购物为主的品牌电商还是以微盟旺铺为主的第三方，微商的最终发展是规模化运作。这种规模化是一个 C2C 到 B2C 的过程，就像淘宝最先运作的是 C2C（这一点和朋友圈相似），但当这一模式偏离正轨时，天猫（B2C）就应运而生，用户的购物观念也逐渐从便宜转向品牌和质量，微商也如此，"朋友圈卖货"只是微信电商途径的一步。这种模式将以笔者在前面第八章所讲的"微商 O2O 商业模式"为代表，预计未来的品牌商都会以"微商 O2O 商业模式"作为突破点，实行渠道微商化，实现线上线下共同促进、共同繁荣。

三是以 C2B 为主的"小而美"。流量为王的 PC 时代，C2B 没有迎来大繁荣，但是却蕴藏了巨大的能量。在移动互联网时代，这一按需定制的个性化产品将会迎来全面发展。微信本身就是一款"小而美"的产品，对于非标类的产品，在微信上通过口碑传播和精准营销，更容易找到潜在的用户。在去中心化的社交电商平台上，"小而美"的产品更能适应并发展。

四是以本地化生活服务为主的O2O。很多人认为O2O难做，是因为线下资源整合起来难度大，尤其是物流等各方面操作起来非常麻烦。在笔者看来这恰好是微商的机会所在，马云说过抱怨最多的地方就是机会最大的地方。O2O重在服务，如果微商仅仅把自己定位成一个微信卖东西的人，那么他就只是一个卖家或中介商，而如果把自己定位成一个移动客服的话，那么微商就能解决终端的用户找信息难和信息不对称问题，从而成为移动电商的桥梁。

不管电商怎么发展，智能手机普及得如何迅速，笔者认为至少三五年内，微商成不了下一个淘宝，习惯在PC端购物的人依然会选择在PC端购买，移动微商只是让用户在碎片化、移动化和场景化的情形下体验更加方便。移动端的电商和PC端的电商形成互补，将平分秋色。

☞**朋友圈营销的迷途与破局之道**

以化妆品行业为例，目前参与朋友圈营销的也不在少数，不同品牌轮番上场。但朋友圈生意具体做得怎样，却无从考证。而2014年做得最好的俏十岁面膜今年却改头换面，另起风云。笔者认为，目前化妆品微信朋友圈营销存在三大顽疾：第一，品牌商以大政策、大利益鼓动代理商囤货，却没有政策和方案支持代理商如何把产品推送给真正的消费群体；第二，不是消费者驱动销售，只是不断地发展下线转移囤货；第三，产品山寨或容易被山寨，质量问题层出不穷，没有真正的品牌主张和诉求。第一点很好理解，说白了就是品牌方通过非常诱人的政策，能够快速地把代理商的钱圈进自己的口袋，而品牌方并不介入产品的销售及其指导。对于第二点，这也是朋友圈营销极为诟病的一点，原本是朋友之间基于产品或服务体验的口碑传播分享，变成只为实现自我利益而不断地发展下线来转移囤货，最终，大部分产品没有到达真正的消费者手上。而最为关键的一点，也是最致命的一点，就是第三点，即产品质量没有保证，没有大的品牌或大的厂家把朋友圈营销当作一个长期的事业来经营，或者是出现一个质量好一点产品又容易在中间环节被山寨，消费正很难获得质量放心的产品。如果上述三点不解决，那想要在朋友圈打造出一个品牌来，简直有点儿天方夜谭，朋友圈营销也必将走进死胡同。

随着大家对微信营销的重视以及这个行业的不断规范，以及一些本来有影响力的品牌介入到微信朋友圈营销后，笔者认为，微信朋友圈营销如果想要迎来第二春，就必须要从下面三个方面入手：第一，要靠真正的市场拉动。如果是以发展下线的方式消化产品，那是不太可能维持长久的。对零售市场而言，真正拉动这个市场发展的，是消费需求。怎样找准目标消费群，给这些消费者提供超越其期望的产品，实现口碑营销，这才是微信朋友圈营销的根本。如果仅凭自己的主观臆想，以圈钱为目的，即使抢占了先机，也不一定会成功。第二，产品一定要保证是正品。以 2014 年的面膜为例，基本上都是以美白类产品为主。因为这类产品以效果明显而著称。要想有效果，那就需要添加诸多违禁品，而这也确实是不允许的。另外就是一旦某个商品卖得好，朋友圈中立马就假货横飞，也让经销商和消费者苦不堪言。第三，要让买家没有囤货的压力。经过了上一轮朋友圈营销的热潮，那些朋友圈销售大咖虽然掌握了不少分销资源，但也饱受了囤货之苦，更别提下面的那些分销商了。如果能够有效化解囤货这个难题，相信那些大咖自然会主动来接受你。如果你能够做到上述三点，那可以肯定地说，你就是这个新模式的王者，那你将有机会通过微信朋友圈打造出一个品牌来。

有营销人士信誓旦旦地给朋友圈营销下了判决书，不出半年必死无疑。

以笔者看来，未必。因为，有一个在传统渠道大有作为的品牌也在微信朋友圈崭露头角，誓要改变这一局面。它就是澳谷企业集团旗下品牌——七白草。它为什么能成为一个搅局者？我们且看：第一，出品方有实力。澳谷企业集团在行业内耕耘多年，在面膜领域屡有建树。而新落成的澳谷工业园，建成了符合 GMP 药品生产管理标准的现代化厂房和生产线，拥有了从德国及意大利引进的专业化妆品成套生产设备及质检仪器。第二，品牌有实力。七白草品牌作为澳谷企业集团旗下重要品牌，作为中国中草药分时护理开创者，在很多方面已经领先行业，产品质量安全可靠，消费者在体验产品试用装后购买转化率高达80%。七白草之所以也加入到朋友圈营销，是想更快地传播品牌，而不是为了短期的利益。第三，产品有保障。在所有销售出去的产品上均贴有防伪码，消费者可以通过输入验证码登录官方微信查验真伪，有效地杜绝产品被山寨。第四，销售有方法。七白草在朋友圈启动体验式营销，消费者可以先用不花钱的，再用花钱的，即消费者先行使用试用装，感觉产品不错后可使用正品，如感觉不行，则可将产品退货，免除消费者对产品质量的担忧。第五，代理商没有囤货压力。以前，经销商囤货后是不能够退货的，七白草一改前章，主张只要在三个月内产品没有销售出去，经销商就可以同品牌方联系退货，绝不食言。第六，强调消费拉动市场。七白草品牌商不断地在线上线下发起大型的互动营销活动，让真正的消费者来体验七白草的产品或服务，让所有的代理商、经销商更加轻松地把产品推送给真正的消费者。

笔者认为，如果朋友圈营销真正意义上实现了消费者体验过产品或服务后觉得很好，然后在没有个人利益目的前提下分享到朋友圈，就一定能够推动朋友圈营销的良性和健康发展，甚至能推动品牌商和生产商更加用心来做好产品与品牌，而不是想一个模式来圈钱。时至 2015 年 8 月，澳谷微商团队已经成为"中国十大微商团队"，这是对以澳谷为代表的新微商模式最大的肯定。

做互联网＋O2O 力避两种思维：速胜论和速亡论

如今，"互联网＋"已经成为每个企业的标配，但是实体企业到底应该怎么进行"互联网＋"？其实，互联网转型只是一次互联网技术的叠加升级，并不会改变企业的经营本质。所以，实体企业做 O2O 一定不要陷入两种极端思维：一种是速胜论，认为做个网站或者做个 APP 就是"互联网＋"了；另一种是速亡论，把互联网神化了，认为实体企业没有互联网基因，所以做不成 O2O。互联网可以改变我们的思维方式甚至生活方式，但是它永远不能替代经营本身。

☞苏宁 O2O 零售的叠加逻辑

在避免"速胜论或速亡论"方面，苏宁的做法具有普遍的借鉴意义。

苏宁做 O2O 零售的叠加逻辑可以概括为"持久战"和"两步走"。持久战就是要有决心、耐心和恒心，不要想着一蹴而就；两步走的第一步是"＋互联网"，第二步才是"互联网＋"。

苏宁的"＋互联网"之路，首先是"＋渠道"，苏宁上线了苏宁易购，开发了 PC 端和移动端，并通过收购 PPTV，进入 TV 端。过去在传统连锁时代，销售渠道的增加靠的是不断开店，但门店不可能无限地开下去，成本效益总有极限。而借助互联网技术，就可以形成覆盖用户的全渠道消费场景，把店开到用户的办公室、口袋里和客厅里。

其次是"＋商品"，不仅要把线下的商品搬到网上，还要进一步开拓适应互联网平台的品牌和品类。过去受限于空间，门店的 SKU（库存量单位）数最多也就几万个。如今借助互联网技术，可以建立家电、3C、超市、金融、文化等不同消费特性产品的全面组合。

最后是"＋服务"，不仅要重新构建线上的运营服务，还要打造企业核心的金融云、数据云和物流云。在运营方面通过众筹、预售、闪拍等产品覆盖了商品的全生命周期。金融云增加了线上支付工具、理财产品等。在数据云方面，通过大数据技术的应用，为开放平台商户提供了精准营销服务工具。物流云则是依托多年打造的物流网络和技术支持，向第三方甚至第四方开放，提升效率。

苏宁的"互联网＋"之路，从 2014 年开始进入了"互联网＋零售"阶段。"互联网＋零售"就是用互联网技术嫁接、叠加、改造、优化线下的业务流程和零售资源，而其核心同样是"＋渠道"、"＋商品"和"＋服务"。

首先是通过"互联网＋线下渠道"，让互联网平台在线下以不同的形式与用户接触。比如云店、易购、服务站、体验区等，云店就是苏宁最重要的互联网产品，董事长张近东也要求苏宁的团队要把云店打造成零售业的旗舰店，苏宁上海云店开业仅 3 个小时销售额就突破 1000 万元，当天客流量最高突破 5 万人次，销售额突破 3500 万元。云店就是要通过吃喝玩乐组合，满足用户多产品的需求，并通过融合线上线下，开展母婴、超市、百货等吸引不同人群的体验，从而提升流量，增强用户的黏性。2015 年 7 月底北京首家苏宁云店在联想桥开业，苏宁在 2015 年在全国一共规划 50 家云店。

其次是通过"互联网＋商品"突破门店品类展示数量、陈列方式的局限。互联网虚拟的展示、模拟穿戴和情景搭配，可以更好实现人和机器、人和商品的互动，以及商品和应用场景的交互，门店的商品出现了理论上无限制的拓展。苏宁还将日本、美国、中国香港公司的海外公司引入海外部的频道，并在实体店进行展示，也就是说未来苏宁可以把世界各地的产品都汇集起来。

最后是"互联网＋服务"，因为苏宁认为移动支付、场景互联、社交服务将成为线下O2O的方向。移动端通过嫁接线下的促销资讯、导购流程、支付环节，可以在线开放售前至售后服务。苏宁易购移动端将全面与线下人员、商品、促销和服务无缝对接，让客户可以实时看到货送到哪里了，还可以查询身边的门店进行什么样的促销以及特色售后服务等，并可以进行预约、交易与互动。

对苏宁的"持久战"和"两步走"，苏宁董事长张近东认为，无论是前期的"＋互联网"，还是后期的"互联网＋"，向O2O零售迭代不只是做个网站或做个APP那么简单。O2O一定是要围绕用户、商品和场景，通过数据服务实现线上线下的融会贯通，实现由内而外的互联网化，从而满足消费者随时随地的购物需求。

☞有O2O企业倒闭，不意味着O2O没有未来

目前的线上线下融合还比较初级，已经发生的变革只是表层的，主要是营销层面的。未来互联网将深度变革传统产业的商业模式、供应链、产品形态、作业流程。由于缺乏核心竞争力、盲目跟风、曲解互联网的本质、片面追求大快好上，可以预见2016年将会迎来O2O公司的倒闭潮。比如，有些O2O公司看似获得了大量的融资，但是这些融资很多都是通过私募市场所得，而私募市场融资实际上已经有了非常严重的泡沫，而且它并不是完全的市场行为。对于那些仅仅依靠风口效应获得融资、依靠烧钱模式实现扩张的O2O创业公司，发展不可持续。

即使有O2O企业倒闭，O2O发展依然看好。因为传统产业的进化仍在持

续，而互联网必将扮演重要的角色。互联网与传统产业深度融合所催生的公司才是未来的主角。这就是O2O的形式。

目前不少O2O公司存在的一个明显缺陷是：缺乏传统产业的从业经验，而且畏惧发展线下业务。线下资产投入较高，回报期较长，会对创业公司形成很大的挑战。于是不少创业公司"浅尝辄止"，打着O2O的名义做着线上的事儿，线下则成为软肋。这种"单腿走路"的模式明显不够稳固。

线下意味着服务，意味着良好的用户体验，所以线下往往是互联网公司不可或缺的一部分。弥补线下的缺陷需要传统产业从业者更多地介入，互联网与传统行业组合的团队具有优势，而且从实际情况来看，来自传统产业的创业者也越来越多、越来越优秀。

在这里，苏宁的"一体、两翼、三云、四端"颇值得一提。因为它可以使传统企业树立信心。

在2015年初张近东的内部讲话中，提出2015年苏宁内部不再提"线上线下"。这说明，走O2O道路时间最长、经验最丰富的苏宁，对O2O本身已经有了新认知。"两会"前后，张近东抛出答案：一体、两翼、三云、四端。乍看上去生涩难懂，但稍加分析，确实也足够深入浅出。"一体"，是坚持"零售"的本质；"两翼"，指"线上苏宁云台"和"线下苏宁云店"；"三云"，把零售企业的"商品、信息和资金"这三大核心资源社会化、市场化，建立面向供应商、消费者及社会合作伙伴开放的物流云、数据云和金融云；"四端"，分别对应POS端、PC端、移动端、电视端。事实上，苏宁的"一体、两翼、三云、四端"O2O模式，转型成效开始凸显。在2015年一季度国内零售市场增速趋缓的背景下，苏宁的总体销售增长超过30%，其中网购平台增幅超过了100%、移动端订单线上占比接近50%。针对政府提出的"互联网＋"战略，苏宁将打造领先的O2O零售平台，把物流云、金融云和数据云向全社会开放，发挥行业示范作用和转型带动效应，为传统企业做O2O树立信心。

小结：心有多大，舞台就有多大

毫不夸张地讲，做互联网＋和O2O就是做格局，关键是看企业的心胸有多宽广、眼界有多远大，只有那些站得高、看得远，能够和所有利益相关方共赢的企业才有可能成功，鉴于此，对中小企业提出以下几点建议：

1. 互联网与O2O是大势所趋、不可逆转的，中小企业千万不能瞻前顾后，要意志坚定拥抱互联网，如果错过移动互联网，错过的不是一次机遇，而是一个时代，并最终成为时代的弃儿。

2. 没有资源就去整合，没有力量就去借力，没有资金就去众筹。

3. 最好是以现有产业为基点，用"互联网＋"去链接人和事，整合现有线下渠道构建O2O，不要盲目抛开现有的主业另起炉灶，这样不但新项目风险会很大，而且原有产业也将受到很大的冲击。

4. 一定要着眼未来，不要一心只想着赚钱，关键是要想方设法为用户解决痛点，为合作伙伴提供资源，只要能为用户带来便捷的购买体验，能为合作伙伴带来利益，那么以后不想赚钱都难。相反，如果一开始就想赚钱的项目，十有八九到最后都是以失败而告终。

后 记

把握趋势，成就未来

书稿完成之际，脑海还在萦绕着这样的 3 个名词，第一个名词叫"跨界"，第二个名词叫"趋势"，第三个名词叫"定位"。这 3 个名词之所以挥之不去，是因为它们与 O2O 模式息息相关。那么，基于对这 3 个名词的进一步理解，我认为未来五年最好的商业模式是 O2O 模式。

先来看"跨界"。

世界上曾经有一家世界五百强的企业，名叫"柯达"，在 1991 年的时候，它的技术领先世界同行 10 年，但是 2012 年 1 月破产了，被数码相机干掉了；当"索尼"还沉浸在数码相机领先的喜悦中时，突然发现，原来全世界卖照相机卖得最好的不是它，而是做手机的"诺基亚"，因为每部手机都是一部照相机，近几年"索尼"业绩大幅亏损，濒临倒闭；然后，原来做电脑的"苹果"出来了，把手机世界的老大"诺基亚"给干掉了，而且没有还手之力，2013 年 9 月，"诺基亚"被微软收购了。

这样的案例越来越多，"360"的出台，直接把杀毒变成免费的，淘汰了金山毒霸；淘宝电子商务 2012 年 1 万亿元的销量，逼得"苏宁"、"国美"这些传统零售巨头不得不转型，逼得"李宁"服装关掉了全国 1800 多家专卖店，连天上发了卫星的"沃尔玛"都难以招架，如果马云"菜鸟"行动成功的话，24 小时内全国到货的梦想实现，那么这些零售巨头的命运又将会是如何？

马云"余额宝"的出台，18 天狂收 57 亿元资金存款，开始强夺银行的饭碗；三马（马云、马化腾、马明哲）的网上保险公司的启动，预计未来五年将会有 200 万保险人员失业，其他保险公司将何去何从？腾讯微信的出台，6 个亿的用户还在增加，直接打劫了中国移动、电信和联通的饭碗。

如果有一天你隔壁开火锅店的张三，卖手机卖得比你好的时候，你不用觉得惊讶，因为这是一个跨界的时代，每一个行业都在整合，都在交叉，都在相互渗透。如果原来你一直获利的产品或行业，在另外一个人手里，突然变成一种免费的增值服务，你又如何竞争？如何生存？

所以，未来的竞争，不再是产品的竞争、不再是渠道的竞争，而是资源整合的竞争，是终端消费者的竞争，谁能够持有资源，持有消费者用户，不管他消费什么产品、消费什么服务，你都能够盈利的时候，你才能够保证你的利益，才能立于不败之地

再来看"趋势"。

有专家说过："趋势就像一匹马，如果在马后面追，你永远都追不上，你只有骑在马上面，才能和马一样的快，这就叫马上成功！"

未来我们的生活会是什么样子呢？我们设想一下，晚上带着家人去吃饭，拿出手机点击附件餐厅，看完餐厅介绍，对比之后，挑一家评价好的、好吃又实惠的餐厅，在手机上领取一张会员卡，订好座位，等时间到了，点击导航，直接去吃饭，不用排队。

吃饭的时候，哪个好吃的就拍个照，放到微博或朋友圈，晒一晒，与朋友共享，因为以后朋友来这里吃饭的时候，凭着你的分享，朋友可以优惠，

商家还要给你返利，既能吃到好东西，又能分享赚钱，真的很惬意；吃完饭，去商场购物，看到哪个产品喜欢的，拿起来扫一下二维码，用手机比比价，放入网络购物车，逛完商场，在手机上点击送货时间和送货地址，直接付款，不用拎东西，也不用排队，然后去看电影，因为电影票在吃饭的时候已经用手机买好了……这就是我们未来的生活，你觉得能实现吗？一定很快。

也就是说，未来的商业模式，将会是全新的O2O模式：线下（实体店）体验，线上（厂家系统网站）购买，由厂家亲自发货给顾客（聪明的企业家会将线上销售系统及物流仓储系统外包交给第三方公司解决，自己全力做好产品）。然后顾客介绍顾客（直销），厂家直接给顾客广告宣传费，大家设想一下，这个商业模式将狂揽多少顾客，整合多少渠道资源？

最后看"定位"。

在这个全新的O2O模式里，你定位在哪个环节？下面有四种选择：第一种选择是你可以成为马云或马化腾，打造这样的平台，建立一个线上销售系统，给大家使用，实现获利；第二种选择是你可以成为第三方企业，例如物流公司、培训教育机构、技术服务机构或营销机构，来教育、服务企业和消费者，实现获利；第三种选择是你可以成为一个生产商，专心研发产品、生产产品，利用现有经销商和代理商资源构建一个O2O平台，为消费者提供最好的产品和服务，参与市场竞争，来实现获利；第四种选择是你可以成为某家直销公司的业务员或经销商，帮助它们拓展加盟商或销售产品，建立连锁体验系统，来实现获利。

对上述四种选择，你觉得你的定位是哪一类？其实，还应该有第五种选择：做链接，然后直接持有消费者资源，然后与企业置换资源，来实现获利。为什么有这个第五种选择？因为如果你手上持有10万个消费者粉丝，那么你可以卖手机、卖汽车、卖保险、卖化妆品……只有你有消费者，你想卖什么都可以，到时候你要做的事情只有一件，就是把消费者与企业链接起来，然后让消费者从中获得实惠，让企业获得收益。或许，还会有第六种、第七种选择……

正当笔者将要完稿时，网上传来很多让人兴奋的消息：京东入股永辉超市、阿里巴巴与苏宁交叉持股、华为与海尔战略结盟，马云说电子商务将逐渐消失，O2O 将取而代之，李彦宏说互联网公司都需要向 O2O 转型，笔者越发觉得"互联网＋"与 O2O 的前景更加广阔，一批又一批的优秀企业和企业家将在移动互联网时代批量诞生。

当然，在移动互联网时代，各种各样的新颖商业模式既能快速出现又会快速消失，一切都存在变数，一切皆有可能，唯有不断学习、不断创新，才能跟上时代步伐、把握时代脉搏、把握时代趋势，成为时代的主导者，成就美好的未来，写到这里笔者希望各位读者多参与笔者的 QQ 交流和微信交流，多参与笔者粉丝群组织的各种线下活动，大家一起交流，共同学习，共同进步！（本书读者互动 QQ：532006649；本书读者互动微信：hzhx008）

该书在写作过程中得到了易聚联盟、苏宁、阿里巴巴、腾讯等的支持与鼓励，由于人数众多，难以逐一鸣谢，在此一并谢过！